A grande revolução

A grande revolução

por

J. van Rijckenborgh
e
Catharose de Petri

2.ª edição

Lectorium Rosicrucianum

2011

TÍTULO ORIGINAL:
De grote omwenteling

TRADUÇÃO DA EDIÇÃO ALEMÃ DE 1992
Die grosse Umwälzung
2.ª edição corrigida e revisada pela edição holandesa de 1992

2011
IMPRESSO NO BRASIL

LECTORIUM ROSICRUCIANUM
ESCOLA INTERNACIONAL DA ROSACRUZ ÁUREA

Sede Internacional
Bakenessergracht 11-15, Haarlem, Holanda
www.rozenkruis.nl

Sede no Brasil
Rua Sebastião Carneiro, 215, São Paulo, SP
www.rosacruzaurea.org.br

Sede em Portugal
Travessa das Pedras Negras, 1, 1.º, Lisboa, Portugal
www.rosacruzlectorium.org

Dados Internacionais de Catalogação na Publicação (CIP)
(Câmara Brasileira do Livro, SP, Brasil)

Rijckenborgh, J. van, 1896–1968.
A grande revolução / J. van Rijckenborgh e Catharose de Petri ; [tradução : Lectorium Rosicrucianum]. — 2. ed. – Jarinu, SP : Lectorium Rosicrucianum, 2011.
Título original: *De grote omwenteling*
ISBN: 978-85-62923-06-7

1. Atmosfera 2. Condições de vida 3. Gnosticismo 4. Krishna
5. Mistério 6. Pistis Sophia 7. Rosacrucianismo 8. Terra (Planeta)
I. Petri, Catharose de. II. Título.

11-13343 CDD-135.43

Índices para catálogo sistemático:

1. Revolução atmosférica : Literatura esotérica : Rosacrucianismo 135.43

Caixa Postal 39 — 13.240-000 — Jarinu — SP — Brasil
Tel. (11) 4016.1817 — FAX (11) 4016.3405
www.pentagrama.org.br
livros@pentagrama.org.br

Sumário

Prefácio

Deve ser do conhecimento dos leitores que a Escola*[1] Espiritual da Rosacruz há vários anos aponta incessantemente para uma ampla revolução mundial que está em pleno curso, cujo processo vem aumentando em força e influência e que irá alterar radicalmente as condições de vida aqui na Terra. Para a Escola da Rosacruz, em aproximadamente seiscentos ou setecentos anos, essa mudança dramática tornará a vida em nossa esfera terrestre totalmente impossível nas condições que hoje concebemos como naturais.

Gradualmente, a atmosfera terrestre experimenta uma mudança fundamental em sua composição, de acordo com uma intenção divina de profundo significado. Se o homem não souber adaptar-se às novas condições, física, psíquica e espiritualmente, ele sucumbirá por falta de ar. Uma série de novas doenças orgânicas, como por exemplo as cardiovasculares, as do metabolismo como um todo, principalmente da substância cerebral, e das diversas funções dos órgãos sensoriais deixarão perplexos nossos médicos, e a ocorrência de formas de vida orgânica extremamente estranhas em todos os reinos da natureza colocarão nossos cientistas diante de muitos enigmas.

Não penseis que contamos com a aprovação da ciência em nossa investigação esotérica sobre a grande revolução. Muitos

[1]Palavras seguidas por um asterisco aparecem no Glossário, que se inicia na pág. 159.

pesquisadores que podem ser considerados sérios nessa área não obtiveram reconhecimento por seu trabalho, pelo contrário: os resultados significativos que alcançaram despertaram apenas escárnio e ironia. A história mundial está repleta de casos como esses.

Contudo, se nos referimos a esses processos que necessariamente deveriam ser divulgados, isso acontece exclusivamente para informar os alunos de nossa Escola, os que nos são próximos espiritualmente e também pessoas interessadas sobre o andamento de nossas pesquisas, e estimulá-los a uma atividade pessoal que corresponda às exigências da revolução atmosférica, cósmica e espiritual que vem avançando.

Que por meio deste livro possamos atingir nosso propósito, que é levar o maior número possível de pessoas, em seu próprio interesse, à decisão de trilhar a senda para um novo campo de vida.

OS AUTORES

I

A revolução atmosférica

A atmosfera de nossa velha mãe Terra é de composição extremamente complexa. Além dos gases mais conhecidos, como oxigênio, nitrogênio, gás carbônico e hidrogênio, nela também estão presentes os gases nobres e seus compostos. Além disso, em nossa atmosfera penetram radiações cósmicas e interplanetárias bem como diversas forças espirituais. Sem exagero, pode-se dizer que nela todas as forças naturais, cósmicas e espirituais se defrontam. Todas essas forças, vibrações e gases misturam-se entre si, como se estivessem numa gigantesca coqueteleira, impondo-nos sempre uma atmosfera de vida diferente. Assim como as influências do Sol e da Lua fazem subir e descer, periodicamente e com força irresistível, as colossais massas de água dos mares e dos oceanos, assim também outras influências ocasionam regularmente o surgimento de poderosos movimentos na substância atmosférica.

Seria grande erro supor que a atmosfera que respirávamos dez anos atrás tinha a mesma composição que a atual. Após uma reflexão, somos levados a concluir que uma atmosfera preparada de determinada maneira exerce forte influência sobre todo o comportamento natural, moral e espiritual da humanidade, bem como sobre os outros reinos da natureza.

Alguns exemplos simples servem de esclarecimento. Determinadas substâncias gasosas, que respiramos de forma consciente ou não, podem arruinar nosso corpo, a curto ou longo prazo, bem como excitar nosso sistema nervoso, influenciar fortemente nosso comportamento moral e alterar nossa atitude espiritual. Pensemos, por exemplo, nos campos de respiração artificialmente preparados e mantidos por algumas igrejas, mediante a aplicação de incenso. Também nos referimos a diferentes tipos de atmosfera, pesada, agradável, funesta ou elevada, isto é, a uma atmosfera que exerça uma influência imediata e reconhecível sobre nosso corpo e nossa atividade espiritual. Quem já não teve a sensação: "Em tal atmosfera não posso viver"?

O homem moderno conhece pouquíssimo sobre essas influências. Tanto a atmosfera geral como a pessoal são influenciadas de dois modos distintos: de cima e de baixo, isto é, por fatores exteriores e pela própria conduta humana.

Todo ser humano prepara o próprio campo* de respiração espiritual, de acordo com seu estado de ser. Existe uma interdependência: forças de fora são atraídas, ou então as forças criam condições cujos resultados se fazem perceptíveis na própria vida. Assim, os efeitos da revolução atmosférica, que se manifestam na inquietação tão peculiar em nossos dias, estão em completa harmonia com o estado de ser da humanidade. Toda a humanidade é responsável por isso. É a confirmação histórica consequente.

Nesse contexto, devemos lembrar as palavras do Evangelho que anunciam a volta de Cristo nas nuvens do céu e que todos o verão. Muitas pessoas tidas como esclarecidas não sabem bem o que pensar disso e acabam considerando tais palavras uma exacerbação mística. No entanto, quem examiná-las do ponto de vista esotérico-científico, descobrirá que todas as forças da Hierarquia* de Cristo, tanto as naturais como as espirituais, vão a seu encontro na atmosfera, literalmente "nas nuvens do céu". Todo ser humano é confrontado com essas forças em seu sistema* de vida.

Por isso, julgamos absolutamente necessário que o homem moderno se pergunte: "Quais as forças que movem presentemente nossa atmosfera? O que acontece? Como devo reagir?" Não há como escapar de uma reação, pois ela é necessária! Caso o ser humano não reaja voluntariamente, será forçado a fazê-lo. Eis por que é dito: "Cristo vem para uma ressurreição ou para uma queda". Essas palavras devem ser compreendidas com objetividade científica e sem o acompanhamento místico que frequentemente encobre a realidade. Conhecimentos esotéricos empíricos revelam que as forças atmosféricas levam o homem a uma crise física, moral e espiritual que deverá culminar numa ruptura radical, num asfixiar-se nas crescentes tensões atmosféricas.

Sob a influência de todas essas tensões, dessa inquietação "nas nuvens do céu", muitas coisas deste mundo apressam-se rumo a seu fim. Uma tendência para a aniquilação reina em nossa atmosfera. Quanto a isso, inúmeras provas sintomáticas vêm à consciência* humana. Tomemos, por exemplo, o grande número de graves catástrofes aéreas ocorridas durante 1946 e 1947,[2] e outras que ocorreram posteriormente em períodos mais curtos.

Naquela época, a opinião pública estava convencida de que a aviação basicamente teria atingido sua perfeição técnica; a segurança operacional estaria claramente comprovada e as tripulações, sob todos os aspectos, estariam à altura de suas atribuições. De fato, nós também somos de opinião que, a esse respeito, não cabe fazer nenhuma recriminação às companhias aéreas, mesmo que uma empresa pudesse predominar sobre as demais quanto à pontualidade e confiabilidade.

O que se passava no espaço aéreo naqueles períodos mencionados nada tem a ver com perfeição técnica, com segurança de voo ou com a capacidade da tripulação. Trata-se aqui de um poder superior, de uma atuação da revolução atmosférica.

Após pesquisa esotérica, temos a certeza de que todos os acidentes foram ocasionados por concentrações de gases nobres que

---

[2] A primeira edição da presente obra foi publicada em 1959 (N.T.).

surgem agora com mais frequência do que antes em nossa atmosfera. Essas concentrações de gases nobres[3] causam nos pilotos, em virtude de suas intensidades incomuns, perda momentânea da consciência, que pode durar de um a dois segundos, ou perturbações nas funções dos órgãos sensoriais, igualmente de curta duração. A sensibilidade de um piloto pode ser menor do que a de outro e, no que diz respeito a isso, os estados espiritual e biológico desempenham um papel importante. O certo é que, se as mencionadas condições atmosféricas perdurassem, a aviação não teria como continuar funcionando.

As concentrações de gases nobres são, contudo, fenômenos passageiros da revolução atmosférica. Elas se diluíram e formaram novas composições, ajudando a preparar nossa atmosfera para determinado propósito. Por isso, as catástrofes aéreas em sucessões tão rápidas e dramáticas pertencem ao passado. Em compensação, vários outros fenômenos estranhos atrairão a atenção da humanidade admirada e atônita. Assim, desaparecerão muitos véus naturais entre o Aquém e o Além, devido à forte atuação do gás nobre B.[4] Desse modo, muitas coisas até agora ocultas serão reveladas.

Muitos gases nobres possuem grande capacidade de penetração, quando se encontram numa atmosfera correspondente, carregada eletromagneticamente de determinada vibração. As cabines metálicas herméticas não constituem obstáculo intransponível para esses gases.

A atenção deverá voltar-se sobretudo para o gás nobre A,[4] que já há vários anos vem exercendo influência cada vez maior na vida dos seres humanos. Quando o gás A surge em determinado

---

[3]Evitamos intencionalmente a indicação de detalhes científicos, pois a experiência nos tem ensinado que, por causa disso, o essencial, ou seja, a revolução atmosférica e seu profundo significado, pode passar despercebido (N.A.).

[4]Nomenclatura esotérica.

estado, ocasiona momentos de perda de consciência, funcionamento anormal dos órgãos sensoriais, amortizando suas percepções. Ele provoca perturbações na respiração e é a causa de muitas enfermidades cardíacas.

Quando um piloto mantém seu avião em curso tranquilo, pouco ou quase nada sentirá das rápidas e passageiras reações corporais aos gases nobres. Entretanto, sob circunstâncias difíceis, em neblina, em tempestade e nas manobras de aterrissagem, elas podem ser altamente perigosas, conforme os fatos têm demonstrado.

Além do mais, não se deve esquecer que metais e pedras estão submetidos a um desgaste muito mais acelerado do que antigamente. As concentrações atmosféricas atuais possuem forte poder oxidante e destruidor. Atualmente, os raios cósmicos ultravioletas, com sua ação demolidora, aliados às concentrações de gases nobres, provocam o fim de muitas coisas que, até agora, pareciam resistir à ação do tempo. Esses raios também são responsáveis pelas perturbações nos motores e instrumentos.

A doença que se abateu sobre Notre-Dame, a bela catedral gótica de Paris, é, nesse sentido, muito reveladora. Os muros, pedras e esculturas de Notre-Dame – como também de outras grandes igrejas e construções francesas – foram atacados pela "doença das pedras", um rápido processo de desintegração. Grandes blocos de pedra caem esfarelados e podres. Tudo o que se tenta fazer não consegue deter esse processo doentio. Mesmo as pedras novas utilizadas nas restaurações sofrem rapidamente o mesmo destino. Se não forem encontrados meios eficazes de defesa, o fim dessas obras, que têm desafiado os séculos, estará selado.

Por que justamente tantas igrejas francesas tornam-se vítimas dessa epidemia? A causa está no fato de que, justamente sobre a França, acumulam-se constelações atmosféricas muito especiais, relacionadas com acontecimentos vindouros na Europa. Quanto a Notre-Dame, pode-se apontar outra causa que mostra, sob uma luz muito especial, as novas influências cósmicas. Notre-Dame é uma construção maçônica. Isso não quer dizer que essa catedral gótica tenha sido erigida por maçons em ligação com uma escola espiritual. Seus construtores foram, isso sim, alguns dignitários eclesiásticos que se dedicavam à magia, a fim de aumentar seu poder sobre o povo, além do que já era possível mediante as práticas comuns da Igreja.

Notre-Dame foi construída por um arcebispo que também praticava o ocultismo a serviço da Igreja. É ele o responsável, perante o povo francês, pelas três rosáceas com elevado poder mágico, localizadas nas duas naves e na galeria acima do órgão. Essas três rosáceas atuam em conjunto sobre os três santuários dos corpos dos frequentadores. Observadas com a visão etérica, elas giram claramente como os ponteiros do relógio, da esquerda para a direita. Essas influências ocasionam uma poderosa ligação do público com o campo de força da Igreja. Mas com isso, expõem toda a construção, com auxílio da qual essas influências surgiram, a uma esfera de radiação que a torna suscetível à ação demolidora da radiação ultravioleta.

Julgamos conveniente fazer essa exposição sobre catástrofes aéreas, por um lado, e a doença das pedras, por outro, a título de introdução ao que abordaremos nos próximos capítulos, para estimular-vos a uma reflexão mais profunda sobre a revolução atmosférica que se expande de maneira tão poderosa em nossos dias.

Todos os reinos da natureza são afetados pela comoção "nas nuvens do céu". Na Escola Espiritual, esta atividade torna o aluno completamente lúcido. Ela o estimula a uma investigação séria, impele-o a um tipo de vida que reage à tendência destruidora e liga-o com as forças santificadoras e construtoras do renascimento estrutural que querem conduzi-lo a um novo mundo. Acontecimentos dramáticos se desenrolam na história mundial, em virtude da revolução atmosférica; um quadro dramático, no qual as catástrofes aéreas e o esfacelamento de monumentos culturais não passam de efeitos colaterais.

Entre outras coisas, as forças atmosféricas irão desempenhar uma atividade intensamente demolidora nos corpos de todos os seres humanos que se agarrarem com obstinação à natureza terrena. Elas influenciam em especial a secreção endócrina, e assim nossos médicos enfrentarão uma missão difícil. Alguns exemplos podem elucidar esse aspecto.

A função das suprarrenais, que até agora exerciam influência lenitiva e calmante sobre as emoções humanas, será seriamente perturbada. Isso fará, por exemplo, que o número de diabéticos aumente fortemente. A redução da atividade do baço será responsável pelo aumento de vários tipos de anemia. Uma alteração no funcionamento do timo terá como consequência o aumento da mortalidade infantil. Nos dias atuais, o crescimento desproporcional das doenças da tireoide já chama a atenção dos médicos. O alto índice de nascimento de crianças anormais será relacionado com a hipófise, enquanto que os sintomas inquietantes do aumento do número de pessoas dementes dirigem a atenção para a pineal.*

Esse quadro realmente não é muito otimista; no entanto, uma nova orientação espiritual revolucionária poderá abrir ao homem um leque totalmente novo de importantes forças vitais, se acompanhada da atitude de vida correspondente. Os tempos vindouros nos ensinarão que não fará sentido ficar de lado, contemplando e tecendo considerações; ao contrário, o ser humano será compelido a fazer uma escolha vital de caráter positivo. Assim, a revolução atmosférica para uns é o sinal da morte; para outros, entretanto, é um caminho para valores mais elevados.

A Escola Espiritual da Rosacruz Áurea conduz seus alunos a uma nova consciência espiritual e a um encontro regenerador com as forças de Cristo nas nuvens do céu.

2

Os véus entre a vida e a morte

Mencionamos que fenômenos completamente desconhecidos atrairão a atenção da humanidade devido à perturbação atmosférica. Dessa maneira, cairão muitos véus naturais entre o aquém e o além da morte e, mediante as atividades do gás nobre B, muito do que até hoje permaneceu oculto será revelado. É necessário esclarecer melhor este ponto.

Talvez seja de vosso conhecimento que o elemento químico fósforo é imprescindível para as chamadas materializações levadas a efeito em experimentos espiritistas. As entidades manifestantes retiram fósforo do cerebelo do médium e dos demais participantes da sessão e envolvem, com essa substância fosforescente, formas astrais que desejam apresentar às pessoas ali reunidas. O sangue, os tecidos, os nervos e o sistema ósseo humanos contêm substâncias fosfóricas de potência e composição variadas, e, por isso, é muito simples para as entidades que conhecem seu "trabalho" satisfazer os pesquisadores espiritistas.

Contudo, cabe aqui observar que, em quase todos os casos, tais materializações não passam de pantomima, não constituem nenhuma realidade. Trata-se de uma farsa no sentido de que as entidades controladoras projetam a forma fantasiosa que quiserem na substância astral, vestindo-a e animando-a com matéria fosforescente.

Vimos certa vez, em uma pesquisa esotérica, a forma graciosa de uma jovem e a figura majestosa de um oriental com vestes brancas, enquanto os autores dessas imagens não pareciam absolutamente de confiança, pelo contrário, causavam grande aversão por sua aparência repugnante.

Nos domínios grosseiros da esfera de vida material, também ocorre com frequência que o ser humano exterioriza algo, segundo sua consciência, alma* e corpo, que na realidade não corresponde a seu ser. Geralmente custa bastante esforço, sofrimento e dissabores até que se aprenda a distinguir entre aparência e realidade.

Do outro lado do véu se pode utilizar facilmente a aparência como pérfida arma contra os que ainda vivem deste lado. A substância astral é muito maleável, e formas-pensamentos podem ser facilmente revestidas de éteres* e até de substâncias sólidas, líquidas e gasosas. Assim como o ser humano mantém, em sua própria esfera* aural, um panteão de formas-pensamentos mais ou menos animadas, de natureza intelectual ou religiosa, que ele próprio criou, assim também existem, na esfera astral, inúmeras entidades ligadas à terra que procuram aumentar as ilusões humanas utilizando-se das projeções astrais e, infelizmente, têm grande sucesso entre os que desconhecem como isso é feito.

Num futuro próximo, a influência do gás nobre B fará que a atmosfera do mundo material se torne mais fosforescente. Em algumas regiões do globo, as experiências atômicas já forçaram a manifestação de tal fosforescência. Enormes concentrações de gases nobres formaram-se sobre extensas áreas que ficaram expostas à radioatividade durante muitos dias e semanas, ocasionando transformações radicais na atmosfera e resultando em fenômenos muito especiais.

Não é difícil imaginar os efeitos dessa fosforização da atmosfera. Todas as entidades que se mantêm na esfera etérica irão tornar-se visíveis ao olho material, contra sua vontade. Entre essas entidades, encontram-se muitas forças naturais e espíritos da natureza, mas principalmente os chamados espíritos ligados à terra. Trata-se dos espíritos dos falecidos que, por algum motivo, não querem ou não podem abandonar nossa esfera terrestre, aferrando-se a este campo e às pessoas que ainda vivem no corpo físico, de todas as maneiras possíveis.

Esse desmascaramento geral provocará uma forte agitação em muitos seres, e porá fim à onda espiritista que se alastra pelo mundo e é responsável por tantas desgraças terríveis. Quando se tornar visível o que para a vista comum era invisível, milhares de pessoas que se envolveram nesses experimentos, atraídas por sua aura de mistério, deles se afastarão horrorizadas. Com essa rejeição generalizada, desenvolver-se-á uma força magnética de repulsão. Ela será de tal intensidade que obrigará os espíritos ligados à terra a se afastarem da esfera etérica do mundo material.

Assim, a revolução atmosférica, apesar de implicar inúmeras situações perigosas, também trará grande bênção, contanto que se reaja de maneira correta. Pode-se predizer tal reação com muita certeza, pois tão logo as coisas se tornem visíveis e controláveis, e se saiba quem são as entidades que se manifestam em sessões espiritistas, de que maneira fazem-se passar por parentes falecidos, e como é possível sustentar essa fraude, então o grupo espiritista, horrorizado, voltará as suas costas às práticas espiritistas.

Contudo, o fato de muito do que até agora esteve oculto tornar-se visível também pode dar motivo a inúmeras confusões e lastimáveis equívocos. A esfera etérica, que está se tornando fosforescente, irá pregar grandes peças no homem religioso natural. É possível que retornem tempos como aqueles em que os povos primitivos enalteciam os espíritos da natureza como deuses, ajoelhavam-se diante deles em adoração, esquecendo-se, assim, do essencial.

Essa situação também poderá fazer que certas igrejas sejam muito procuradas temporariamente. A visibilidade dos espíritos da natureza e suas atividades induzirão numerosas pessoas — por falta de conhecimento científico-esotérico — a considerar alguns espíritos da natureza como "anjos", como seres de figura e majestade sobre-humanas. O perigo não é imaginário, se pensarmos, por exemplo, que, durante a celebração de uma missa, inúmeros espíritos da natureza — que de maneira completamente errônea são designados como "anjos" — colaboram na construção de uma forma eucarística. Essa construção é um processo natural e biológico que consiste em juntar e ordenar diversas substâncias etéricas, as quais, por práticas mágicas, se tornam magnéticas e, assim, atraem inúmeras outras forças.

Pode-se imaginar o que acontecerá quando todos forem capazes de observar tal fenômeno e quando, por exemplo, a comunidade paroquial, atônita, vir, pairando pela igreja, um espírito da natureza de majestosa estatura — alguns medem de quatro a cinco metros — participando visivelmente da magia litúrgica.

Desde já podemos dizer com certeza qual será a reação. Tais aparições serão ensejo para se fazer uma eficaz propaganda em determinada direção. Custará muito esforço fazer a multidão perplexa compreender que não se trata nem de revelação divina, nem de particular elevação do público que, repentinamente, percebe os processos etéricos, mas que esses fenômenos são apenas uma consequência da revolução atmosférica.

Por este motivo, é bom que todos esses acontecimentos sejam anunciados com antecedência. A Escola Espiritual da Rosacruz Áurea considera seu dever esclarecer essas coisas a todos os interessados e aos que lhe são afins. Se o leitor, por meio da literatura esotérica, estiver informado a respeito do que vive na atmosfera e como, em muitos aspectos, a vida das plantas e dos animais é dirigida a partir da atmosfera, então poderá fazer uma ideia das indescritíveis modificações que ocorrerão na consciência e no comportamento humanos, e das novas ilusões que ganharão poder sobre milhares.

Ao longo da história mundial, abusou-se muitas vezes, com propósitos de magia negra, dos quatro grupos de espíritos da natureza que se detêm na esfera etérica. Geralmente isso acontecia por meio de grupos eclesiásticos que, desse modo, procuravam ampliar sua influência sobre as massas. Também agora, em virtude da revolução atmosférica, podemos esperar um fortalecimento da atuação eclesiástica. No entanto, assim como ocorreu anteriormente, essa atividade também será perturbada pela Hierarquia de Cristo e pela Escola Espiritual, que trabalha na força dessa Hierarquia e por ordem dela. A Escola Espiritual prepara-se para realizar, o quanto antes, um grande esforço e também se servirá, em seu trabalho, das novas possibilidades atmosféricas.

Graças à liberação dos dois éteres intercósmicos superiores, a Escola Espiritual dará aos que seguirem o caminho da realização do novo vir-a-ser humano, em determinado estágio de seu desenvolvimento, um novo discernimento.* Com essa nova faculdade, será possível distinguir claramente o bem absoluto do bem ilusório e do mal, pois tudo o que é desta natureza — tanto o mal, como o assim denominado bem — não conseguirá revestir-se desses éteres superiores.

Os próximos tempos serão especialmente profícuos para artistas criativos no campo da música e da pintura. A revolução atmosférica proporcionará a ampliação do espectro das cores visíveis, elevando seu número de sete para nove cores básicas, bem como da escala tonal, de sete para nove tons. O infravermelho e o ultravioleta tornar-se-ão visíveis, e os tons correspondentes também serão audíveis. Portanto, a visão e, ao mesmo tempo, a audição serão afetadas.

Uma nova manifestação de forma na pintura aproximará mais o que está distante, agindo assim de modo libertador. Nossos pintores modernos, saturados de pintar quadros sem significado e que interiormente já não conseguem defender sua concepção extrema da arte, poderão servir à Escola Espiritual com uma representação pictórica da demolição e da libertação. Evidentemente, também a música ultrapassará sua atual superficialidade e irromperá para novas possibilidades.

Uma enorme nuvem sombria, contudo, surgirá no céu. A ciência tecnológica aproveitar-se-á das consequências da revolução atmosférica e presenteará o mundo com uma espécie de bomba sonora, na gama da radiação ultravioleta. Essa bomba sonora emitirá um som muito alto e penetrante. Não produzirá nenhuma explosão, senão uma súbita desintegração e pulverização de toda a matéria sólida, líquida ou gasosa. O efeito da bomba sonora será muito mais terrível do que o da bomba atômica.

Porém, não é nosso propósito deter o leitor com outros prognósticos sobre esse singular futuro, pois, do contrário, este capítulo teria um caráter sensacionalista; desse modo, informaríamos nossos leitores unilateralmente e não atingiríamos nosso objetivo, pois devemos considerar que a revolução atmosférica, com todas as suas complexas consequências, representa apenas um aspecto do novo vir-a-ser do universo.

O pesquisador sério do futuro deverá ser dotado de grande inteligência e de uma ampla capacidade de observação; e o estudante esotérico da nova era não poderá ser comparado, em nenhum aspecto, ao de épocas passadas.

Um chamado parte em nossos dias, dirigido ao mundo, destinado a todos os que são receptíveis ao esoterismo, a fim de torná-los conscientes de uma nova era, de uma nova tarefa e de um mistério de iniciação totalmente diferente.

Ao afirmarmos isso, não atacamos nada nem ninguém. Não pretendemos diminuir a brilhante obra dos antigos e estamos repletos de gratidão pelo que nossos predecessores nos legaram. Eles subtraíram nosso espírito do domínio do ser inferior e dirigiram nossa visão para as coisas mais sublimes, mais elevadas e preciosas, porém desejam que nos sintonizemos agora com o chamado e as exigências do presente.

A iniciativa que a Rosacruz Áurea empreende em nossos dias no mundo não deve, de modo algum, ser vista como atividade de determinado grupo isolado. O que esta Escola Espiritual tem a oferecer é destinado a todos.

A revolução espiritual terá seu início na Europa[5] e daí prosseguirá sua marcha vitoriosa pelo mundo. O campo espiritual da Europa está gestando acontecimentos que, dentro em breve, se tornarão realidade. Neste capítulo, quisemos descrever alguns desses acontecimentos vindouros, para que o leitor não se encontre totalmente desprevenido.

[5] A primeira edição da presente obra foi publicada em 1959 (N.T.).

3

Uma viagem ao inferno

Pelo que foi exposto anteriormente, deve ter ficado claro como a crescente revolução atmosférica pôs todas as regiões da matéria e do espírito em agitação. Neste capítulo queremos empreender uma viagem ao Além, entendendo por *Além* a esfera* refletora da vida material.

É do conhecimento de todos os alunos da Escola Espiritual que essas duas esferas de nossa ordem de natureza terrestre estão indissoluvelmente ligadas entre si e são, assim, totalmente interdependentes. Também é sabido o fato de que os acontecimentos, antes de se manifestarem na matéria, já estão plenamente ativos na esfera refletora. Isso tem suas vantagens, mas pode ocasionar também graves perigos. As vantagens consistem em que seres humanos, cientes do desenvolvimento das coisas no Além, ficam alertas para a subsequente manifestação no plano material. As desvantagens consistem na ignorância dos seres humanos com relação ao que ocorre na esfera refletora antes de sua concretização na matéria.

Em geral, pode-se dizer que predomina uma alarmante falta de conhecimento sobre o Além, razão pela qual incontáveis pessoas se tornam vítimas. Para conseguir sondar os valores, forças e fenômenos que surgem no Além, a humanidade acredita possuir a religião, que se baseia na teologia, o conhecimento oculto, que se apoia no intelecto, e o animismo, que se escora no espiritismo.

O teólogo, como metafísico, fala e escreve sobre coisas das quais nada sabe nem pode saber. Se o teólogo, na qualidade de ser humano, dispõe de maior conhecimento, isso não se deve à sua formação universitária. Nos círculos teológicos, usam-se conceitos gastos, estereotipados, derivados de dogmas e de mensagens de salvação muitas vezes incompreendidos. Eis a razão pela qual o homem místico-religioso não possui nenhum esclarecimento sobre os perigos que o ameaçam.

O ser humano que busca a verdade acumula, de acordo com sua tendência, um conhecimento enciclopédico. Na realidade, isso o torna paupérrimo em sabedoria real e, portanto, não o predispõe a uma vida superior. Por meio do espiritismo, a maior parte da humanidade, infelizmente, entra em contato com as regiões da esfera refletora de modo negativo. Aqui devemos entender o conceito *negativo* no sentido da prática de fenômenos da esfera refletora que, para serem examinados e avaliados, nos tornam dependentes de terceiros que se dizem competentes, embora de fato não sejam.

Para um entendimento correto, é necessário explicitar o conceito de *espiritismo.* Por espiritismo entendemos não somente interrogar os espíritos ou o contato com entidades do Além por meio de instrumentos ou médiuns, mas também a influência dominante que os habitantes das regiões invisíveis exercem sobre toda a humanidade que vive neste lado do véu. Tal influência é extraordinariamente grande e exercida com tanta sutileza que quase ninguém escapa a ela. Num exame mais profundo, comprova-se que a humanidade, em sentido intelectual ou místico, é tão animista na prática que conceitos como cristianismo e vida elevada, libertadora, não passam de meras ilusões.

Quando o aluno se põe a examinar essas coisas a fundo, leva um grande susto ao descobrir a influência que o negro inimigo já conquistou e quanto esse tumor se alastrou. O aluno reconhece e experimenta a realidade das palavras de Paulo, no capítulo 6 da Epístola aos Efésios:*

"Porque não temos que lutar contra a carne e o sangue, mas, sim, contra os principados, contra as potestades, contra os príncipes das trevas deste século, contra as hostes espirituais da maldade, nos lugares celestiais".

A atmosfera em que a humanidade se vê obrigada a viver é semelhante a um lamaçal fétido, no qual ela se arrasta. Muitos auxiliares nas regiões materiais e espirituais queixam-se da horrível fetidez que grupos inteiros de pessoas espalham, de modo que quase não podem aproximar-se deles. Quando um autor bíblico fala da sarjeta na qual os seres humanos chafurdam como porcos, e de ídolos que são adorados pelos homens, isso corresponde a uma verdade que se baseia em um conhecimento mais elevado. Apesar da situação desesperadora não deixa de existir certo humor amargo quando, por exemplo, pessoas assumem uma expressão mística, considerando-se muito superiores, quando em realidade delas não deveríamos sequer aproximar-nos, em virtude da iniquidade atmosférica que as domina.

Inúmeras criaturas são enganadas, parcial ou totalmente, pela malignidade espiritual, e o maior perigo ao qual um ser humano pode expor-se é o de julgar-se imune a tal influência. Toda essa maldade que se manifesta neste mundo, de forma muito consciente e inteligente, sempre procura contato e se adapta ao estado de ser de cada indivíduo, após um exame detalhado.

Essas forças aproximam-se do homem como entidades muito sublimes, como mestres, como manifestações de Jesus ou espíritos de santos. Aos que não são religiosos nem estão voltados para o ocultismo e o espiritismo, elas sugerem autoridade própria, pegam-nos pelo lado de seu materialismo histórico, sua visão científica ou outra qualquer, pela qual se tenha apreço. Mas apanham-nos, de qualquer modo, mesmo que seja simplesmente pelos seus instintos primários, tais como autoafirmação, ciúme ou apego a este mundo. Todos são instigados uns contra os outros. As situações tornam-se complicadas, o discernimento é bloqueado, e as relações são perturbadas. Todos são forçados a desconfiar uns dos outros e a procurar as falhas sempre nos outros. Em resumo, uma corrente atmosférica satânica derrama-se sobre a humanidade, uma corrente que, na história universal, sempre foi precursora de poderosas transformações mundiais.

Neste capítulo queremos investigar algumas causas dessa corrente e explicá-las, na medida do possível. É sabido que todas as coisas, antes de se manifestarem na matéria sólida, já se revelaram nas camadas mais sutis de nosso planeta. Está descendo do alto, literalmente, uma total revolução espiritual, cósmica e cultural, que intervém em todos os estados da consciência, da alma e da matéria. Não é somente uma imagem poética, quando o autor do Apocalipse diz: “Vi também a cidade santa [...] que descia do céu”. Ele aludiu aqui a um processo de revolução mundial que, de tempos em tempos, intervém nas coisas terrestres e, em determinado momento, manifesta-se na esfera* material através das regiões planetárias mais sutis.

Assim como um furacão leva consigo tudo o que não resiste à sua força, assim como as trevas fogem diante da luz, assim também a força luminosa dos acontecimentos vindouros varrerá todo o inferno. Tomados de pânico e movidos pelo instinto natural de autoconservação, os habitantes do reino infernal abandonarão seu esconderijo na tentativa de salvar a vida.

Pode-se perguntar se ali, onde a luz surgir, todas essas entidades que estão presas à terra ainda terão algo a buscar. Uma pessoa ingênua negará isso simplesmente. Entretanto, sob uma observação mais acurada, verifica-se que as forças infernais poderão conseguir mais do que se pensa. Partindo dessa possibilidade, explica-se o grandioso ataque do negro inimigo aos seres humanos que vivem neste mundo. Eis a razão pela qual a humanidade não tem de lutar apenas contra a carne e o sangue, mas também "contra os principados, contra as potestades, contra os príncipes das trevas deste século, contras as hostes espirituais da maldade, nos lugares celestiais".

Uma grande onda de anormalidade assola a humanidade, não poupando nada nem ninguém. Especialmente os que ajudam a abrir passagem à luz de Cristo e se encontram nas fileiras de combate da Fraternidade Branca serão expostos aos mais violentos ataques e não serão deixados em paz por um único segundo.

É necessário esclarecer todas essas dramáticas manifestações. O mal é o polo oposto daquilo a que a humanidade dá o nome de bem. Muitos seres humanos são considerados, segundo as normas burguesas, bons, muito bons, humanos, exemplares e amorosos. Toda essa bondade seria realmente excelente, se não houvesse o polo oposto. Há pessoas, entre as quais também se encontram os autores deste livro, que negam peremptoriamente a bondade do *bem* devido à sua sombra negra, em virtude da dialética das coisas. Neste mundo, o bem conserva o mal, e, inversamente, o mal mantém o bem. Se, contudo, os homens não mudarem, se não chegarem a outra orientação espiritual que supere todos os conceitos burgueses de bondade, se não chegarem a um renascimento estrutural e fundamental, num vácuo de desenvolvimento criado por Cristo e mantido por sua fraternidade — que é um novo campo de vida isolado deste mundo — então o mundo infernal continuará existindo, à medida que o homem seguir praticando sua bondade biológica e primitiva.

Se o homem, dentro da revolução espiritual, não revolucionar-se totalmente a si próprio, permanecerá igual aos outros, preso a esta terra, apesar de toda a bondade e amabilidade e de todo o testemunho de amizade, pois ele possui uma sombra e a mantém, da mesma maneira como mantém a si mesmo.

"Ninguém é bom, senão um", diz Cristo. É uma das verdades mais profundas. Não deveis crer que os procedimentos divinos poderão ser retardados. Tudo acontecerá em seu devido tempo, e os próximos anos serão de importância histórica mundial.

Eis por que deveis perguntar a vós mesmos: “Quando essas coisas se manifestarem, como me encontrarão? Ainda continuo tentando praticar a bondade burguesa ou estou prestes a irromper em uma nova disposição espiritual?”

Não vos esqueçais de que o tenebroso inimigo está à espreita de cada ser humano, pois cada indivíduo que está preso ao mundo dialético* constitui um seguro de vida para as forças negras. Assim como o corpo de um animal é a base de vida para inúmeros parasitas, o mesmo acontece com o homem, que não constitui exceção quanto a isso. O trabalho espiritual legítimo será estorvado por todos os meios possíveis. Será travado um combate implacável e eletrizante, perante o qual a luta contra a carne e o sangue parecerá brincadeira.

Nossa era, a era da revolução, requer que o homem reconheça a realidade e a aceite. Mais do que nunca, chegou o momento de lembrar as palavras de João Batista: “Preparai o caminho do Senhor”. A hora chegou!

4

Uma viagem ao céu

Se o leitor considera corretas as exposições feitas até agora e vê a dramática situação a que chegou a humanidade, levada pelas circunstâncias da vida; se consegue perceber bem que essa luta se tornou um assunto pessoal de cada um, então é capaz de entender plenamente o trabalho que a fraternidade celeste empreende em vista desses acontecimentos.

Quando o ser humano deseja escapar à influência das entidades presas à terra e ir ao encontro da nova vida, à qual toda a humanidade é conclamada, então ele deve, antes de mais nada, orientar-se para aceitar as consequências com toda a sua alma, com todo o seu coração e seu entendimento. A Escola Espiritual quer auxiliá-lo nisso.

Em primeiro lugar, o candidato deve compreender que a filosofia gnóstica interpreta os conceitos de *céu* e *fraternidade celeste* de um modo totalmente diferente do que se costuma usar. Tenta-se rotular de céu certa região que se encontra na esfera refletora deste mundo material, onde residem os mortos. Estes, quando viveram na terra, levaram uma vida digna e devota, sendo encaminhados a essa região em virtude de seu estado de ser moral e espiritual. Do mesmo modo, fala-se de *inferno* ao se referir à região do Além para onde emigram, quando morrem, as pessoas más e inferiores, de acordo com seu estado de ser neste lado do véu.

Assim como o bem e o mal aqui neste mundo estão misturados no sangue e ambas as forças agem em nós positiva ou negativamente, assim também no Além, pela supressão do corpo e da alma-sangue* materiais, o bem e o mal ficam existencialmente separados, como que congelados, embora se mantenham reciprocamente devido à sua oposição. Não obstante, quer permaneçamos *em* nosso corpo aqui, quer *fora* do corpo no Além, continuamos a pertencer a esta ordem de natureza dialética* e permanecemos atados à roda* do nascimento e da morte.

A morte normal e natural de uma pessoa jamais será a base para um estado de ser absoluto, eterno, mesmo que tal pessoa tenha sido mística em alto grau, extraordinariamente humana, com predisposição para o oculto e dotada de um claro discernimento filosófico, ou, pelo contrário, que tenha sido má, antissocial ou criminosa. O *céu* e o *inferno* são fases passageiras antes de uma nova viagem à matéria grosseira, para um novo nascimento. Todos os que creem numa evolução confirmarão isso.

Sede, contudo, cautelosos, pois a Doutrina* Universal diz que, nesse giro da roda, não há o mínimo progresso ou a mínima evolução, nem o menor desenvolvimento espiritual real.

Espera-se que cada ser humano, após a morte física, logo possa celebrar sua ida para o céu dialético. Que, após um período maior ou menor de purificação, todos, sem exceção, irão para o assim chamado "céu". Contudo, a estada ali tem data marcada para começar e para terminar. Tanto aqui como no Além, pode-se atingir um grau máximo de bondade ou, pelo contrário, afundar até o nadir do mal dentro de nosso duplo campo de vida, podendo-se fazê-lo, contudo, até certo limite intransponível. Permanece-se, porém, preso a esta ordem de natureza com seu ciclo de nascer, florescer e perecer.

Assim, o Além é uma grande ilusão para todos, um grande engano. Cada grupo aqui existente tem seu céu no Além, seja este maior ou menor, onde todos são admitidos de acordo com a lei:

"semelhante atrai semelhante". Há um céu católico, um céu protestante, um domicílio para almas sintonizadas com a Teosofia, um também para alunos rosa-cruzes, um para os astrólogos e outros para as diversas seitas. Em resumo, existe para cada um o que ele deseja. O que se é aqui, no íntimo, lá se encontrará; aqueles a quem estivermos intimamente ligados aqui, lá os reencontraremos. Aqueles que aqui dificultaram nossa vida e dos quais, por vários motivos, não pudemos libertar-nos, lá não nos aborrecerão, em virtude de seu diferente estado de ser.

Até onde temos conhecimento, com exceção de certos esoteristas, somente os sacerdotes de algumas igrejas foram instruídos sobre essa situação no Além, o que explica seu incansável empenho em ganhar almas.

Quando um sacerdote consegue converter um cafre[6] ao catolicismo, isto é, ligá-lo sacramentalmente, ou ministrar a extrema-unção a uma pessoa que nunca teve uma conduta de vida realmente religiosa, isso significa, na maioria dos casos, que ganhou uma alma para o céu católico. Mais tarde, quando essa alma retornar à vida terrena, seu nascimento será numa família católica. Milhares de cafres, ligados desse modo por sacramentos, se transformarão, após sua morte e nova encarnação, em milhares de crianças nascidas em determinado povo ou raça, conforme o deseje a hierarquia católica romana. Os que ignoram essas coisas e riem ao ver os missionários brincar de "igreja cristã" com povos primitivos – por natureza animistas – sem dúvida deixariam de rir, se soubessem que é dessa maneira que a igreja aumenta seu poder.

Das regiões celestes no Além, a católica e a muçulmana são as maiores. As pessoas que cooperam com essas potestades no lado de cá procuram, consciente ou inconscientemente, e através de

[6]Indivíduo pertencente a uma população africana banta do Sudeste da África (N.T.).

diferentes métodos, reduzir ao máximo as regiões celestes dos outros grupos e mantê-las nesse nível. Sua intenção é evidente: elas querem submeter o mundo todo, tanto aqui como no Além, à esfera de atividade da hierarquia de suas igrejas.

Até certo ponto, esse imperialismo clerical pode ser indiferente para o pesquisador esotérico. Relações de poder, sejam elas de natureza espiritual, moral ou material, sempre são passageiras. Elas vão e vêm. O mais importante é que, em determinados momentos da história mundial, certo número de almas amadurecidas não se deixe intimidar e faça a escolha correta, que pretendemos detalhar melhor.

Seria lamentável se o leitor entrasse em seu céu teosófico, humanístico ou rosacrucianista sem saber do que se trata e por que este livro fala de uma revolução espiritual. Porém, antes de nos aprofundarmos mais nisso, é necessário mostrar outras possibilidades de logro. O aluno da Doutrina Universal – que é a ciência sagrada da transfiguração* ou renascimento – não deverá contar somente com uma influência funesta das esferas infernais, pois ele será também envolvido por incontáveis sugestões dos vários céus do Além, onde está em atividade um número incalculável de grupos maiores e menores, sem que isso corresponda a seu grau espiritual.

Lá existem os mais diversos grupos religiosos, diferentes comunidades humanistas e dúzias de corporações ocultistas que gostam de apresentar-se como escolas e operam com uma multiplicidade de ideias e símbolos que deixam qualquer pessoa atordoada. Algumas se denominam *cristãs,* outras, *budistas* etc. Em resumo, vemos no mundo celeste do Além uma policromia da vida religiosa e esotérica da história da humanidade. Ali existe um sem-número de sociedades intelectuais que se especializaram, por exemplo, no setor da saúde ou na área social, política e econômica. Há também os que se ocupam de diversos setores da ciência dialética, com o objetivo de aperfeiçoar a sociedade humana na terra.

Essa situação, com as suas múltiplas consequências, é tão enganadora, ocasiona tantas confusões, sofrimentos e aflições que, para o verdadeiro trabalho em prol da humanidade, talvez seja mais prejudicial do que os esforços unificados de toda a falange infernal. Diante de um homem mau, estamos prevenidos; podemos proceder levando isso em conta e agir de modo direto e positivo. Todavia, isso não é tão fácil assim em relação a um homem inteiramente bondoso, altruísta e sincero. É muito difícil escapar desse tipo de influência.

No Além há, por exemplo, um grupo que deseja salvar o mundo por meio da astrologia cristã. Um respeitado grupo egípcio espera para breve a ressurreição de todos os grandes homens que, no decurso dos tempos, foram mumificados, a fim de assumirem posteriormente a direção de toda a humanidade. Muitos afirmam estarem diretamente em contato com Cristo, mas se dedicam a atividades tão diferentes e conflitantes entre si, que cabe duvidar de quase tudo, excetuando suas intenções de fato boas e humanas.

Deve-se compreender bem o perigo que isso representa para a humanidade. Quando um ser humano ingressa no Além, ele continua sendo o mesmo interiormente. A morte não faz dele um adepto ou um excelso anjo de luz, mesmo que, graças à cultura de certa bondade, integridade burguesa e aspiração espiritual, ele possa entrar numa região chamada de celestial e talvez até possuir um campo de radiação claro e brilhante, com base no tipo de vida que levou deste lado do véu.

O aluno da sagrada ciência da transfiguração deve estar alerta, tanto em relação aos poderes do mal, quanto aos do bem dialético. Ele sabe que os primeiros podem prejudicá-lo, mas os últimos podem precipitá-lo num redemoinho de ideias, tornando-o indeciso, detendo-o em seu caminho e tirando-o totalmente do equilíbrio.

Na Segunda Epístola aos Coríntios de Paulo lemos que o demônio pode aparecer como um anjo de luz. Com isso não se quer dizer o que provavelmente estais pensando. Um espírito ligado à terra certamente tentará parecer melhor e mais radiante do que realmente é, mas tal tentativa é tão rudimentar e primitiva que imediatamente será reconhecida, e nenhum iniciado se deixará iludir. Há também incontáveis habitantes das regiões celestes dialéticas que, com as melhores intenções, irradiam amabilidade, mas desejam conservar e vivificar as coisas mais tolas, ridículas e condenáveis; desse modo, sem saber, servem ao espírito do abismo. O ser humano é mais perigoso e diabólico quando está firmemente convencido de ser bom e de fazer o bem. Assim, é impossível falar-lhe, pois ele é tão bom, está servindo a Deus, eventualmente até com sacrifício da própria vida! Pensai em Saulo de Tarso, antes de tornar-se o apóstolo Paulo. Guardai-vos desses "anjos de luz". Sede prudentes, acima de tudo, quando eles se referirem muitas vezes e enfaticamente a Cristo, ao Espírito* Santo, a Jesus e a mestres.

O aluno da ciência sagrada da transfiguração não se envolve com tudo o que se chama escola esotérica ou ordem da região de luz do Além, embora ocasionalmente elas possam realizar um trabalho útil.

A revolução espiritual começou. Assim como as esferas infernais estão sobressaltadas pela radiação de luz da Hierarquia e, com temor mortal e lutando para conservar-se, precipitaram-se sobre a humanidade, também as esferas celestes dialéticas se encontram em estado de máxima excitação nervosa. Também os habitantes do número fabuloso de céus se precipitaram sobre a humanidade em um ataque de conversão, e qualquer ser humano que, de alguma maneira, estiver receptível a essas influências sentir-se-á compelido a agir de acordo com isso.

Talvez seja uma desilusão quando falamos dessa maneira do mundo celeste, a "menina dos olhos" de incontáveis pessoas. A morte apenas altera o corpo e o estado de consciência, porém o caráter, a mente, a concepção de vida e tudo o que a isso pertence permanecem completamente inalterados. Tal como milhares de homens e mulheres — humanistas, totalmente bons, religiosos e inteligentíssimos — aspiram a um mundo melhor deste lado do véu, o mesmo se dá ali. A grande diferença é que os habitantes do Além dispõem de muitos meios pelos quais conseguem influenciar, com sugestões dos mais variados tipos, a humanidade que vive deste lado do véu. Assim, fecha-se o círculo, e a roda do nascimento e da morte, a rangente roda da natureza dialética, mantém-se em movimento.

Por detrás da esfera refletora deste campo de existência, outra luz, outro mundo e outra hierarquia celeste atacam a existência tão complicada, miserável e dramática, tanto no céu como na terra dialéticos. Com isso, realiza-se uma revolução histórica que se tem repetido sucessivamente no decorrer de milênios. Por esse motivo, todas as forças do céu e da terra foram postas em movimento. Consuma-se novamente um processo espiritual, cósmico e natural, um processo sobre o qual o vidente de Patmos diz: "E vi um novo céu e uma nova terra, porque o primeiro céu e a primeira terra passaram".

Todos esses "espíritos queridos", tão radiantes e que realmente fazem o máximo para conseguir algo, de acordo com seu estado de ser, estão em grande agitação. Assim como no decurso dos anos se esteve empenhado em melhorar o mundo por meio de métodos humanistas, assim também se pretende, tanto no céu como na terra, devido ao tremendo redemoinho de ideias e desejos, tentar influenciar novamente o mundo e a humanidade com uma torrente de experimentos. Os movimentos espiritualistas, as escolas, os institutos e seus congêneres brotam como cogumelos. De fato, em todos os países alguns deles são fundados todas as semanas, mas a maioria geralmente desaparece logo depois.

No transcurso do tempo, dezenas de grupos do Além, muito diferentes entre si, tentaram servir-se da Escola da Rosacruz para influenciar diretamente um grupo de alguns milhares de pessoas com orientação espiritual. Recusamos, sem cerimônia e inequivocamente, todas essas propostas. A Escola da Rosacruz não participa da inquietação febril, nervosa, da natureza dialética, tanto no céu como na terra. Os obreiros da Escola Espiritual trabalham como pescadores de homens a serviço do reino imutável e, praticando a sagrada ciência da transfiguração, estão a caminho do reino imutável, ou seja, querem dirigir-se a outro céu e a outra terra. O aluno que se submete a esse processo e nele obtém êxito poderá ver esse céu e essa terra divinos descer da onimanifestação.

Toda a Filosofia Universal explica esse caminho, segundo as suas leis e lógica, e esclarece seus valores morais-racionais. O mal é, para nós, um fenômeno dialético, e o bem é seu polo oposto; ambos se mantêm em equilíbrio. Por isso, em relação a todos os maus e bons espíritos, assim como aos habitantes das esferas infernais e dos muitos céus, reservamo-nos o direito de *splendid isolation*[7] e lhes dizemos: "Deixai-nos em paz!"

O empenho dos verdadeiros trabalhadores consiste em pescar as almas amadurecidas do agitado mar da vida e, com auxílio da arte* real, conduzi-las, através das mais belas regiões celestiais dialéticas, ao reino imutável.

[7]Isolamento esplêndido. Alusão à política de não intervenção e neutralidade inglesa no século XIX (N.T.).

5

A luta pelo Polo Sul

As numerosas expedições enviadas pelas grandes potências às regiões polares despertam grande atenção nos círculos esotéricos, ao lado de outros fenômenos que indicam a grande mudança dos tempos. Se há algo que assinale claramente o fim de um período humano é, certamente, esse interesse febril pelas regiões polares, em especial pelo Polo Sul. Para todos os esoteristas, o fato de que as forças ambiciosas e ávidas deste mundo estendam suas mãos ímpias para essas regiões é como que o derradeiro elo na corrente das desgraças que anunciam o declínio do mundo e da humanidade.

Até agora as duas regiões polares constituíam, para a maior parte da humanidade, mistério insondável e intangível. Dessas regiões nada se conhecia, a não ser que são áreas de acesso extremamente difícil, desertos de gelo e neve com longas e escuras noites polares. Sabia-se da existência de continentes vagamente aludidos e de pinguins. Tinha-se conhecimento de relatos sobre as enigmáticas auroras boreais e austrais, sem se poder compreender o significado essencial – que é santo, por um lado, e ímpio por outro – dessa linguagem luminosa, que em nossa época também escreve, por vezes, seus sinais flamejantes sobre nossos países.[8]

[8] Países Baixos (N.T.).

Agora a meta das expedições equipadas meticulosamente é conquistar bases estratégicas para seus governos, como também iniciar a exploração de três matérias primas necessárias para ampliar o poder destrutivo de suas forças armadas, a saber: urânio, plutônio e um mineral ainda desconhecido, que indicaremos como netúnio.

O poder de destruição constitui-se de três forças: uma de explosão — urânio; uma de cristalização — plutônio; uma de envenenamento — netúnio. São os três Titãs dos antigos, dos quais falam os mitos, os três Titãs que, em tempos imemoráveis, foram aprisionados no abismo pelos ancestrais.

Esse abismo será aberto por três potências mundiais, que devem ser nitidamente diferenciadas de acordo com sua natureza:

1.ª) a Rússia, como representante do proletariado mundial;
2.ª) a América do Sul, como representante da Igreja e dos nacional-socialistas, que logo após a deflagração da Segunda Guerra Mundial construíram na Argentina seu eventual refúgio;
3.ª) os Estados Unidos da América do Norte, como representante do capitalismo.

Podemos também denominar essas três potências de uma maneira antiquada como:

1.ª) a potência socialista;
2.ª) a potência clerical;
3.ª) a potência liberal.

Ou ainda, de acordo com a concepção esotérica, como:

1.ª) o impulso para a liberdade em sentido dialético;
2.ª) o impulso para o poder em sentido religioso-natural;
3.ª) o impulso para o poder em sentido materialista.

Ao que parece, cada uma dessas três potências irá libertar seu Titã e, consequentemente, submergir no abismo. O gênio da garrafa será libertado e se lançará sobre seus libertadores com estrondosas gargalhadas, depois que a humanidade tiver sorvido até a última gota os efeitos do poder tríplice de destruição.

Involuntariamente, os pensamentos se dirigem ao Apocalipse, onde se fala das três desgraças que irromperão sobre a humanidade, após o quinto e o sexto toque de trombetas, depois que a goela do abismo tiver sido aberta.

O que significa realmente esse abismo? O abismo é Patala, o Polo Sul, a enigmática "mão esquerda" de nossa habitação terrena. Pode parecer estranho, mas isso é produto da ignorância sobre esse assunto e pelo fato de se ler a Escritura Sagrada em traduções feitas por pessoas que não estavam, em absoluto, familiarizadas com a Doutrina Universal. Por mais estranho que pareça, os termos Polo Sul ou Patala são traduzidos por "abismo", o qual é apenas um dos significados. A palavra "Patala" também poderia ser traduzida por "mundo inferior".

As ciências esotéricas nos ensinam que os dois polos são as despensas, as regiões de entrada e escoamento de todas as forças vitais cósmicas e terrenas que nosso planeta necessita e metaboliza em seus complicados processos vitais. No grande processo dinâmico em que a terra se encontra, esses polos constituem duas válvulas de segurança naturais, duas poderosas regiões de radiação, como o comprovam as auroras boreais e austrais.

Essas radiações de luz surgem no centro das forças magnéticas. Sua cor, sua luz e seu tom, que podem ser percebidos nitidamente pelos habitantes das regiões polares, mostram tratar-se de radiações etéricas captadas pela atmosfera, que assim alcançam cada alma vivente. Essas radiações polares ígneas e luminosas eram denominadas, desde a Antiguidade, "serpentes" ou "dragões". Também a expressão bíblica "espírito do abismo" ou "besta do abismo" é uma indicação muito clara para as forças do Polo Sul.

Quando a besta do abismo emergir, as forças do Polo Sul serão liberadas. O fato de as três potências mundiais mencionadas estarem a ponto de desencadear realmente essas forças é apenas a confirmação histórica e científica de um acontecimento que, irrevogavelmente, terá de ser cumprido. Para os alunos da Escola Espiritual resta apenas esta questão: quem libertará os três Titãs e como isso acontecerá?

Quem conhece tais perigos e ama seus semelhantes de maneira plena certamente não provocará semelhante coisa. O homem normal não acenderá um estopim se souber que isso resultará irrevogavelmente numa explosão. Isso apenas seria feito por alguém em sua ignorância e na grande luta pela existência, ao procurar para si, para seus filhos, para sua pátria, seu povo ou sua raça, as condições mais vantajosas.

Assim, nesse impulso pela autoconservação, as três potências mundiais, tão cultas e inteligentes e, ao mesmo tempo, terrivelmente tolas no tocante à verdade nua, apressam-se para o Polo Sul, para Patala, para o abismo, para o mundo inferior, a fim de lançar a mecha acesa sobre a pólvora. Esse grande acontecimento histórico de nossa época irá consumar-se nos anos vindouros.

Demonstra-se, desse modo, que a humanidade profere sua própria sentença e causa seu próprio declínio, por meio das três potências mundiais citadas, como representantes políticos das ideias sociais, clericais e liberais. Todos as três libertam seus Titãs, e, sob suas ressoantes gargalhadas e em convulsões espasmódicas, a própria humanidade prepara seu futuro com explosões, cristalizações e envenenamentos.

Os iniciados sabem que todas as influências cósmicas e etéricas benéficas afluem pelo Polo Norte, o Meru, a "morada dos deuses", ao passo que toda influência mortal parte do Polo Sul, de Patala, do mundo inferior. Na pré-história já se sabia que o alento das paixões mais violentas e ardentes emergia do abismo, do Polo Sul.

Transformado em radiação austral atmosférica, esse alento finalmente se torna respiração humana, caso o homem seja receptível e possua a polaridade correspondente.

A saliva do dragão do espírito do abismo age de modo tríplice: explosivo, cristalizador e envenenador. Essa saliva é lançada na atmosfera como uma peste mundial, e incontáveis terão de sofrer sob essa indescritível aflição mundial.

Um número cada vez maior de criaturas humanas é atormentado por um impulso cego de destruição, acompanhado de refinada maldade. Essa é a fúria infernal da influência *uraniana* de Patala, que corrói qualquer noção de moral.

Toda promessa, todo acordo, toda união sacramental, toda regra de conduta em prol de um convívio harmonioso e toda amizade são rompidos por meio de engano, apelando-se aos nomes mais sagrados e vertendo-se lágrimas. Cabe aqui uma comparação com Caifás, quando este se encontrava no tribunal e, na mais santa das indignações, rasgou suas vestes e disse, apontando para Jesus: "Ele blasfemou!". Esse veneno pavoroso que se enrola no homem qual uma serpente e, de repente, enterra-lhe os dentes infernais é a influência *netuniana* de Patala, que acaba com qualquer dignidade.

Há um número crescente de seres humanos que já não poderão ser despertados; que vivem, embora mortos. Eles são tomados por uma cristalização espiritual que se estende cada vez mais. São os que, embora vejam, são cegos; que são surdos, apesar de ouvirem; e assim afundaram totalmente em sua ligação com a terra. São os que sofrem a influência *plutoniana* de Patala.

Se os três aspectos da besta do abismo podem atuar de maneira tão funesta na atmosfera, deve estar claro o que acontecerá, quando for perturbado o *status quo* elementar da misteriosa região austral. O fato de três potências lutarem pela posse dessa região já fala por si. Mais notório ainda é que as despensas das forças vitais cósmicas e terrenas, o centro dos elementos cósmicos, sejam atacadas e saqueadas pelo empenho das potências, tendo como consequência uma sensível perturbação nos processos vitais da terra.

Quando os pesquisadores esotéricos verificam que o Polo Sul, ao contrário do Polo Norte, possui um campo de radiação de forças mortíferas, precisam compreender isso de modo correto. A região polar norte capta as forças interplanetárias cósmicas, que são necessárias para a terra e seus habitantes, como também para a atuação harmônica especialmente das forças terrenas que estão concentradas na região do Polo Sul. Por isso, fala-se do Polo Norte como o Meru, como a cabeça, como o mundo superior, e do Polo Sul como Patala, o mundo inferior.

A região austral de radiação contém grande quantidade de gases, forças e éteres gastos. Esses elementos deveriam ser catapultados para o espaço e retirados novamente da atmosfera, por meio da ação do sol.

No entanto, esse processo de limpeza atmosférica não pode efetuar-se, devido à inferioridade espiritual e moral da humanidade; e, assim, as forças de Patala não são lançadas no universo, mas imediatamente atraídas de novo, de forma a liberar o espírito do abismo. Além disso, as atividades das forças políticas, sociais, clericais e liberais ainda favorecem essa perturbação do equilíbrio, motivo pelo qual já está estabelecido o que acontecerá ao mundo e à humanidade.

Essas exposições cosmológicas naturalmente não estão completas. Ainda poderia ser acrescentado, por exemplo, um estudo sobre o Polo Norte, o qual é conhecido, desde o princípio deste mundo, como "a fonte de toda a vida". Essa fonte é alimentada incessantemente por uma corrente eletromagnética de força-luz cósmica que, transmutada, beneficia todos os viventes.

Muitos mitos belos narram que o Polo Norte, a região irradiadora do norte, constitui uma porta de entrada para o reino imutável e que, numa visão espiritual, existe ao redor desse polo um mar que jamais congela e uma terra que está sempre verde. Essa terra, conhecida como "a cabeça do mundo", jamais desaparece, embora continentes inteiros tenham submergido, no decorrer da história mundial, e novos tenham surgido. Por mais que a aparência externa da terra se transforme constantemente, a "cabeça do mundo", esse reino imutável, esse "portal áureo", permanece até o dia de hoje.

É importante que a humanidade dirija sua atenção para o espírito do abismo, evocado e libertado na presente comoção revolucionária. Trata-se, neste caso, de compreender que as potências dirigentes desta ordem mundial dialética proferiram sobre si mesmas sua sentença e estão a ponto de executar processualmente o suicídio desta época. Resta agora saber se a humanidade irá deixar-se arrastar nesse processo ou se vai querer libertar-se.

Na era hiperbórea, na lemuriana, na atlante e já trinta e duas vezes no atual período ariano, ocorreu algo semelhante a uma divisão entre justos e injustos, entre os que adoram o espírito da natureza terrena e os que procuram a porta do reino imutável para, por meio dela, obterem a liberdade original dos filhos de Deus.

Hoje a humanidade está outra vez diante de tal cisão. Deixar-se-á ela arrastar pelos Titãs de Patala nos redemoinhos da natureza dialética? Ou trilhará o caminho da redenção, mediante o emprego e a realização da ciência sagrada do renascimento?

Esse caminho é visível e pode ser percorrido, desde que o ser humano esteja enobrecido para tanto pela purificação da alma. Ele saberá então que, segundo as palavras do capítulo 11 do Apocalipse, existem duas testemunhas que estão neste mundo como dois candelabros luminosos, para separar todos os que trouxerem o sinal do Filho do Homem na testa dos que ostentarem o sinal da besta de Patala e, a seguir, conduzir os escolhidos, pelo portal áureo da região irradiadora nórdica, para o novo campo de vida. Essas duas testemunhas, que como candeeiros irradiantes estão neste mundo, simbolizam os aspectos masculino e feminino da Escola Espiritual, que, em correta colaboração, preparam o caminho para os eleitos. Elas têm a tarefa de erigir no tempo, como focos purificados, o templo de Deus e o altar, para que o povo de Deus possa adentrar o templo.

E, quando tiverem testemunhado e executado sua tarefa, o espírito de Patala, a besta que subirá do abismo, fará guerra contra elas, e as vencerá, e as matará. E seus corpos jazerão na praça da grande cidade, onde também Nosso Senhor foi crucificado. E os homens verão seus corpos. E, depois dos três dias e meio, o espírito de vida, vindo de Deus, entrará nelas, e elas se porão em pé. Assim mencionam as revelações do Apocalipse, que o aluno sem dúvida compreenderá.

Atuando juntas na Escola Espiritual, as duas correntes prepararão as novas sendas e oferecerão seu sacrifício aos escolhidos. No fim, ficará comprovado serem elas imunes à violência da matéria e invulneráveis à maldade dos três Titãs. E uma grande voz do céu dirá: "Subi para aqui!"

E elas irão para as eternas terras verdes da "cabeça do mundo", cruzando os portais áureos do campo de radiação nórdico. Quem tem ouvidos para ouvir, ouça!

6

A libertação do homem celeste

Se a Fraternidade da Rosa-Cruz esteve empenhada, durante estes últimos anos, em transmitir a seus alunos a filosofia relativa à gênese e à libertação do homem celeste, isto é, a ciência sagrada do renascimento, não se deve presumir que se trate de uma nova sabedoria de cunho próprio ou de uma nova ciência. Trata-se muito mais de uma ciência olvidada, que deverá ser trazida à luz do dia novamente, por intermédio da Rosacruz Áurea. Aponta-se um caminho para a salvação, que nos próximos tempos será considerado extremamente atual. Por essa razão, a fraternidade pode falar sobre "o novo mistério iniciático da era vindoura".

A verdade universal, que jaz submersa neste mundo, foi maculada e violada de todas as maneiras possíveis. Ela terá de ser reerguida agora, já que um novo dia desponta, resplandecente, sobre o mundo. Essa grande obra, que apresenta vários aspectos, realizar-se-á como uma incisiva revolução mundial de caráter cósmico, atmosférico e espiritual.

Quem dirigir sua atenção a esses acontecimentos que se aproximam e — queira-o Deus — desejar cooperar, deve poder reconhecer e compreender claramente. Primeiro, é necessário reconhecer claramente que a Rosacruz Áurea não está anunciando nada de novo e que não se trata de uma tentativa irresponsável e incontrolável de trazer vida nova a este mundo que saiu dos eixos, mas trata-se, acima de tudo, de perceber a marcha da eternidade que se manifesta no tempo e não abandona a obra das mãos de Deus.

Quando a Fraternidade da Rosa-Cruz coloca o leitor ante o milagre do homem celeste que se eleva, imortal, do sepulcro da natureza, então deverá ficar evidente que os acontecimentos ligados à salvação não apenas foram anunciados nos evangelhos, como também nos foram transmitidos muito antes de nossa era. Pensai tão-somente na maravilhosa lenda de Noé, que construiu uma arca, uma nova habitação, escapando assim do dilúvio.

A Bíblia diz que a arca finalmente repousou "sobre os montes de Ararate", e o teólogo observa que esses montes possivelmente se encontram na Armênia. Mas quem compreende a linguagem sagrada sabe que a chegada aos montes de Ararate se refere à clássica ressurreição no corpo celeste. Quem chega ao Ararate é um "digno", um "perfeito", ele está redimido da roda, liberto da reencarnação; ele é denominado um ária, ele é um ariano. Talvez possais compreender agora as objeções que a resistência fazia aos nacional-socialistas, por eles se considerarem arianos e por seu culto pagão.

Um ária é um homem celeste, totalmente liberto. Quando as antigas lendas nos falam da invasão dos arianos, em longínquas terras do Oriente, por seres de figura e semblante belos, possuidores de doutrinas sublimes, então essas lendas anunciam um dos históricos contatos da fraternidade celeste com a humanidade decaída, a fim de reconduzir os filhos extraviados à casa do Pai, ao reino* dos céus, à pátria dos árias. O homem da nova era também é chamado agora para tornar-se um ária, e a humanidade novamente experimentará uma intensa influência dos habitantes celestes.

Ao considerarmos essa sabedoria antiga que, ao mesmo tempo, é tão nova, pensemos sobretudo na alquimia. A verdadeira alquimia é uma ciência exata que, como tal, já se perdeu completamente antes do presente período histórico. Essa ciência abrangia o verdadeiro conhecimento da transmutação ou renascimento, isto é, a dissolução do ignóbil, do que não faz parte do divino, e a preparação do verdadeiro e nobre ouro celeste.

A alquimia era estudada e praticada sob três aspectos distintos, a saber: o cósmico, o humano e o terreno. O aspecto cósmico relacionava-se com o reconhecimento do plano divino para o mundo. O aspecto humano dirigia-se à tarefa e à essência do verdadeiro ser humano no plano deste mundo. Já o aspecto terreno relacionava-se com a redenção da ilusão, para o ser humano superior ligado à terra, e seu retorno à casa do Pai.

Assim o renascimento, tal como Jesus Cristo o descreveu a Nicodemos, ou seja, o "nascer da água e do Espírito", por um espírito renovado por meio da *Materia Magica* original, era realizado desde o mais remoto passado. A Fraternidade da Rosa-Cruz, portanto, não traz uma novidade. A serviço da mui venerável e antiga fraternidade do reino imutável, da *Fraternitas Universalis,* é-lhe concedido mostrar o verdadeiro caminho.

Imbuída desse espírito, a Fraternidade quer aproximar o leitor da festa da Páscoa, uma festa na qual ele deverá receber o conhecimento do caminho que conduz do mortal ao imortal, do terreno ao celeste. A Fraternidade da Rosa-Cruz crê que posteriormente ficará comprovado o significado histórico mundial da festa da Páscoa de 1947. Para esclarecer por que tem essa opinião, é necessário dirigir novamente a atenção para o fato de que a Hierarquia de Cristo se manifestará por uma revolução mundial, estrutural e espiritual. Quando a Fraternidade fala sobre a libertação do homem celeste, não quer cansar-vos com as interpretações usuais sobre o sentido da festa da Páscoa, mas sim testemunhar da nova era que surgirá, dos fenômenos da ressurreição, que se evidenciarão alquimicamente de modo tríplice: cósmico, humano e terreno.

Quando o aluno na senda dos mistérios cristãos se encontra a ponto de irromper de sua prisão dialética, começando sua viagem para a existência celeste, isto é, quando sua consciência desloca-se totalmente para o novo ser e dele começa a viver, então surge em seu microcosmo* um segundo polo magnético. Esse acontecimento é acompanhado por violenta agitação, designada na Bíblia como um "terremoto" e como a "remoção da pedra". Ele é descrito nos relatos da ressurreição, tanto nos evangelhos canônicos como nos apócrifos. Lemos também sobre isso no livro *As núpcias alquímicas de Christian Rosenkreuz,*[9] que passou por um sobressalto devido a uma tempestade magnética desse tipo na noite da véspera de Páscoa.

A esse respeito, existem muitos relatos, mitos e lendas. Ao pensarmos nisso, ficamos, sem dúvida, impressionados com notícias segundo as quais teria sido encontrado um segundo polo geomagnético ou que esteja ocorrendo um incisivo deslocamento do polo magnético.

Quem relacionar essas notícias às numerosas tempestades magnéticas ocorridas durante os últimos anos e que estão interligadas com tremendas descargas das forças solares e de outras forças interplanetárias, e quem recordar os acontecimentos expostos na Escola Rosacruz e por ela designados como revolução atmosférica, não estranhará quando o gnóstico afirma que notáveis alterações estão ocorrendo em nosso cosmo planetário. A grande revolução sob a regência de Deus começa a esboçar-se. Os sinais estão-se acumulando e podem ser comprovados por fatos.

Assim, a Páscoa de 1947 foi uma Páscoa muito singular. Um sepulcro está em vias de abrir-se. Um novo campo de vida se abre perante a humanidade atônita, e muitos escaparão do túmulo aberto, tão logo descubram e percebam algo da nova vida.

Do mesmo modo como o aluno da Escola Espiritual da *Fraternitas Universalis,* ao lado de sua manifestação dialética, desperta

---

[9]Rijckenborgh, J. van. *As núpcias alquímicas de Christian Rosenkreuz.* São Paulo: Lectorium Rosicrucianum, 1993. t. 1.

sua figura celeste e a introduz em seu campo de vida microcósmico, a Hierarquia de Cristo, após séculos de penosos esforços e sacrifícios, formou uma figura celeste do planeta original, um novo campo de vida. Essa terra-céu, esse campo de vida totalmente novo está irrompendo agora nas lívidas regiões da morte. A atual perturbação dos polos magnéticos e as muitas tempestades magnéticas estão estreitamente relacionadas com esse fato.

O vidente de Patmos avistou outrora essa terra-céu; antes dele, Ezequiel, e, antes deste, Enoque, e, antes e depois deste, todos os que se tornaram participantes da *Fraternitas Universalis,* do corpo universal da Igreja* Invisível, que é o corpo com muitos membros, a árvore da vida com seus incontáveis ramos.

É extremamente impressionante quando se reconhece o que acontecerá com infalível certeza. Sublimes e imponentes, as linhas de força da nova era escrevem uma nova linguagem sagrada, como se fosse com sinais flamejantes. Ainda se esbarra na descrença e na superstição, no ceticismo científico, materialista, ocultista e religioso. Todavia, toda a resistência será rompida à clara luz da realidade.

Numerosas tensões manifestam-se no mundo inteiro, em qualquer espécie de trabalho espiritual. Corre-se perigo de que essas tensões isolem o elemento de aptidão de muitos e destruam seu poder espiritual de discernimento. Por isso, a Fraternidade da Rosa-Cruz aconselha a manter-se tranquilo, aguardar e trabalhar fervorosamente em si mesmo, dia e noite. Mantende-vos em perfeito equilíbrio, pois outrora já foi dito: "Já não se necessita de vós para a conclusão da grande obra. Não penseis que se espera especialmente por vós". A Rosacruz Áurea tem uma tarefa a executar nos acontecimentos cósmicos, e é uma das auxiliadoras da *Fraternitas Universalis.* Se o desejardes, podereis colaborar nessa tarefa, contanto que a compreendais. Em caso contrário, vós mesmos vos excluireis. Muitos serão chamados, porém relativamente poucos serão libertos nestes tempos agitados, e a Fraternidade certamente não lamentará esse fato que haverá de comprovar-se; pois é Páscoa, uma festa da Páscoa de tão grande significado como o mundo ainda não presenciou neste trigésimo terceiro período ariano. E lá onde a luz brilha sobre a pedra removida, há sempre uma multidão que foge e um apenas que se aproxima. A Fraternidade saúda este único com alegria, e reina entre ele e a Fraternidade quietude e silêncio serenos. Por esse único irmão, ou essa única irmã, regozijamo-nos mais do que por mil fazedores de *lapis spitalanficus.*[10]

Quando a humanidade* adâmica caiu do céu, qual flama ígnea, com ela desceram também a Doutrina Universal e os hierofantes* da *Fraternitas Universalis,* que vieram à humanidade de acordo com determinado plano. Como árias eles se manifestaram, ensinaram a humanidade e a ela deram o exemplo, seguindo a divina ideia redentora, como um verbo vivente, como um estado de ser que eles realizaram em si mesmos.

Ao coroarem sua missão, pairava sobre o sepulcro da matéria a figura celeste, viva, vigorosa, incólume e real. Os alunos que isso presenciaram e viram a realização do milagre que vence a matéria e a morte, exultaram: "Ressuscitou verdadeiramente o Senhor!"

Eles seguiram seu Senhor para além do túmulo. Também efetuaram de maneira sistemática e estrutural o sagrado processo do renascimento e constituíram a primeira colheita.

No decorrer dos séculos, os salvadores deram prosseguimento à obra. Colheita após colheita foi recolhida, e assim finalmente se formou a "multidão que ninguém pode contar", a Fraternidade dos Primogênitos no Reino da Luz, dos ressurretos que foram resgatados da terra mediante seu sangue. Tal Fraternidade tem sido escolhida dentre todos os povos e raças, desde o início da ordem dialética.

---

[10]Expressão utilizada no livro *As núpcias alquímicas de Christian Rosenkreuz* para designar a falsa pedra filosofal (N.T.).

Passo a passo, a humanidade foi de uma festa da Páscoa a outra. Inúmeros fugiram do sepulcro, mergulharam em sua consciência biológica e em suas anomalias, mas milhares e milhares vivenciaram em seu íntimo: "Ressuscitou verdadeiramente o Senhor!"

Assim, há o grupo dos incontáveis, que tem feito algo muito diferente do que o cansativo abanar os ramos de palmas e clamar hosanas. Sob a direção de sublimes hierofantes, o grupo trabalhou na reconstrução da terra-céu. A verdadeira nova morada da humanidade está preparada, qual noiva que se enfeitou para o noivo.

A Fraternidade tem como meta e missão indicar o tríplice desenvolvimento alquímico, humano e terreno de uma festa da Páscoa eterna, que se aproxima, e a manifestação alquímica de um novo campo de vida, nas duas esferas da dialética, a todos os que experimentam algo do homem celeste em seu próprio ser e, desse modo, podem testemunhar diretamente do íntimo: "Ressuscitou verdadeiramente o Senhor!" O reino celeste penetra no macrocosmo,* tal como o corpo celeste no microcosmo. Quem tiver ouvidos para ouvir, que ouça o que o Espírito Santo tem a dizer-lhe. A sublime obra de salvação de Cristo aproxima-se de sua consumação legítima e histórica. Um poderoso coro de incontáveis entoa: "Ressuscitou verdadeiramente o Senhor!"

A inquietação momentânea em nosso cosmo planetário se explica pela formação de um novo campo de vida, com condições atmosféricas inteiramente diferentes, o que será acompanhado de profundas alterações geológicas bem como de uma série de acontecimentos notáveis nos diversos reinos da natureza. Uma alegria infinita apodera-se de todos os que conseguem compreender e reconhecer que a aflição de muitos terá fim. E toda ilusão será desmascarada.

Agora talvez possamos entender as palavras da *Confessio Fraternitatis Rosæ Crucis:* "Uma coisa devemos esclarecer aqui, [...], a saber, que Deus decidiu devolver ao mundo – que pouco tempo depois disso perecerá – a verdade, a luz e a dignidade, as quais ele decretou sair do Paraíso junto com Adão, a fim de mitigar a miséria humana. Por isso, é apropriado que retrocedam a falsidade, as trevas e a servidão [...]".

Os que estão ligados à Rosa-Cruz realizam para si essa festa da Páscoa, a mais gloriosa de todas.

A Fraternidade e seus alunos não se atêm, contudo, ao brilho do passado; se o fizessem, a Páscoa não passaria de uma narcose, da qual se desperta, no dia seguinte, pálido e desiludido, diante de uma pseudorrealidade despedaçada. Não, eles estão no sepulcro da matéria. Caveiras riem para eles, e os odores fétidos da decomposição espalham-se pelo mundo qual vapores venenosos. A morte cinzenta saiu vencedora milhões de vezes. E, no entanto, a Luz sempre torna a descer neste covil de assassinos, entregando-se prisioneira, para daí ascender, incólume, em perfeita glória.

Na mais maravilhosa de todas as festas da Páscoa a grande colheita se evidenciará – microcósmica e macrocósmica. Do mesmo modo como ocorre na vida do aluno, também se evidenciará na atual agitação da revolução espiritual, diante do mundo inteiro: "Ressuscitou verdadeiramente o Senhor!"

7

Os mistérios de Krishna

Em antigos relatos dos mistérios, lemos sobre mensageiros da Luz — uns grandes, outros menores, que em determinado momento surgiram no mundo. Eles estenderam a mão salvadora à humanidade — cuja consciência estava totalmente obscurecida, mas plenamente de acordo com as respectivas circunstâncias — com o objetivo de protegê-la de uma queda maior.

Um dos maiores mensageiros divinos que trouxeram a luz para a humanidade foi, sem dúvida, Sri Krishna, que deve ter vivido aproximadamente há 5.000 anos. Sua gloriosa e imperecível revelação deve, portanto, ter ocorrido por essa época.

O que sabemos por meio dos inúmeros livros e lendas sobre sua vida autoriza-nos a considerá-lo como o maior mestre dos indianos e situá-lo no mesmo nível de todos os grandes mestres mundiais. Tudo o que lemos sobre ele nos parece muito familiar, provavelmente porque a biografia desse redentor, que viveu há 5.000 anos, assemelha-se totalmente à de Jesus, o Senhor.

Essa semelhança é tão evidente que os mistérios de Krishna nos fornecem a prova incontestável da existência de uma linguagem universal, e de que todos os grandes mestres do mundo tiveram a mesma missão. A esse respeito, portanto, podemos falar com razão de Doutrina Universal. Essa Doutrina não é velha nem nova. Ela foi e sempre será a mesma, assim como se diz que Jesus "é o mesmo, ontem e hoje". A limitação das teologias cristãs como um todo aparece claramente, quando comparamos seu conceito de Cristo com o desvelo universal de Cristo.

Jesus, o Senhor, disse a seus discípulos: "Antes que Abraão existisse, eu sou". Isso se confirma literalmente, se observarmos a vida de Krishna. O Krishna de há 5.000 anos e o Jesus de há 2.000 anos são, como manifestação de Deus, um só, o mesmo.

Diz-se que Krishna, assim como Jesus, o Senhor, nasceu de uma virgem. Também Krishna nasceu em uma gruta ou estábulo, e seu nascimento, tal como o de Jesus, foi anunciado por uma estrela. Após o nascimento de Krishna também se ordenou uma matança de crianças, na intenção de eliminá-lo do mundo. Ele igualmente realizou curas miraculosas, derramou seu sangue pela humanidade e, tal como Jesus, foi representado dependurado na cruz. Também ele desceu ao inferno, ressuscitou dos mortos e subiu ao céu. Ambos os nomes — Krishna e Cristo — têm o mesmo significado. Cristo foi denominado "o bom pastor" e Krishna, "o pastor". Krishna foi igualmente tentado pelo demônio. Como Jesus, ele passou por uma transfiguração, fez um Sermão da Montanha e desempenhou um papel em pescas milagrosas. Jesus foi venerado pela pecadora Maria Madalena; algo semelhante podemos ler sobre Krishna.

Assim, muitas comparações podem ser feitas, excluindo-se qualquer casualidade. Quem estiver familiarizado com o esoterismo também rejeitará resolutamente a conclusão superficial de que o Evangelho foi copiado de escrituras mais antigas.

Ao estudioso resta somente a conclusão de que uma mensagem imutável sempre foi transmitida à humanidade, através de todos os tempos. Essa única mensagem muda às vezes de forma e colorido, conceito e vibração, quando seres dialéticos, apesar de esforços honestos, não conseguem chegar a uma correta compreensão e, mesmo assim, se dedicam a transmitir essa mensagem da luz.

Uma das primeiras tarefas de cada aluno de uma escola espiritual autêntica é libertar-se de qualquer religião de raça ou de povo, de qualquer religiosidade cultural. O aluno não deve estar voltado especialmente para o Oriente ou para o Ocidente; deve permanecer no universal, na própria linguagem divina, absoluta. A tal aluno será dado reconhecer cada grande mestre universal e compreendê-lo como aquele que "é o mesmo, ontem e hoje". Desse modo, jamais lhe faltarão respeito e gratidão por qualquer instrutor da humanidade, seja ele quem for.

Se essa for vossa vivência como verdadeiros cristãos, permanecereis sempre no universal e nunca sereis sectários. Então estareis abertos à poderosa corrente da graça divina, que envolve esta terra decaída em amorosa assistência. Isso vos concede a possibilidade de compreender os mistérios de Krishna, para então vivenciar interiormente esses mistérios, semelhantes aos de Cristo. Esperamos que compreendais essa linguagem até o sangue.

O grande mistério universal baseia-se no fato de que toda criatura humana tem a possibilidade de elevar-se do charco de horror e pecado e retornar novamente ao reino imutável e imperecível. Esse é o único mistério essencial, o núcleo indispensável em torno do qual tudo gira. De que adiantaria a um ser humano decaído toda a sublimidade e majestade divinas, se não houvesse nenhuma possibilidade, nenhum caminho para elevar-se a esse mistério?

Por isso, temos a intenção de falar-vos sobre esse mistério, para que possamos descobri-lo em conjunto e vê-lo claramente. Se obtivermos êxito, o caminho da salvação abrir-se-á diante de vós e teremos cumprido nossa tarefa, ligando-vos com o único imperecível que aqui vos pode ser ofertado.

A força astral deste planeta domina e rege nosso sangue e nosso sistema nervoso autônomo. Essa força astral é a mais degenerada, a força nuclear mais profundamente decaída da natureza dialética. Por um lado, esse fluido astral planetário é o portador da força espinal — e é de vosso conhecimento que a força espinal forma a base para a consciência e a mentalidade; por outro lado, a força astral controla os éteres, conservando desse modo toda a forma.

Quando o aluno examina essa condição de vida, reconhece que apenas poderá ser salvo mediante uma nova força astral que o capacite a elevar seu pensar à compreensão consciente da meta divina. Se houver essa compreensão, a forma de agir se modifica. Esta, por sua vez, é a condição preliminar para a assimilação dos quatro alimentos* santos, que finalmente levarão o aluno à regeneração completa.

Esse é o caminho que todo francomaçom deverá trilhar para aproximar-se do objetivo divino. É assim que a Fraternidade* Universal nos oferta o fluido astral da salvação. Grandes instrutores mundiais têm surgido entre nós, através dos tempos, para ligar esse fluido astral salvador à nossa esfera de vida de modo correto e indissolúvel. Com divina regularidade eles se sucedem, um após outro, a fim de conservar esse grande fluxo da graça e mantê-lo perfeito, na direção certa.

Portanto, os grandes do Espírito não vieram apenas para trazer ensinamentos, divulgá-los e assentá-los. Não, sua tarefa e missão consistia, entre outras coisas, em manter pura a sagrada substância etérica para os seres humanos seriamente empenhados em colocar os pés no caminho da paz, para que pudessem encontrar os eternos portais da nova vida.

Esses grandes não vieram, portanto, a serviço do homem dialético, mas "como servidores do reino de Deus", como cumpridores da eterna palavra, conforme se diz de Jesus.

Concordais com isso? Qualquer pessoa sabe que uma força pura não pode manter-se por muito tempo em um ambiente de vida decaído e corrompido. Visto que a vida pecadora da humanidade no mundo da dialética é uma condição constante, pode-se imaginar que uma força redentora logo teria de retirar-se desta escura sepultura terrena, se aí não houvesse focos aos quais pudesse dirigir-se.

Por isso, essa força salvadora e libertadora sempre é ligada de novo à nossa treva por um amor inconcebível para a consciência humana. E, assim, quem desejar trilhar o caminho da santificação, como há 5.000 ou 2.000 anos, hoje também pode empregar o grande mistério universal para sua salvação eterna.

Se isso tudo vos estiver claro, compreendereis por que Lúcifer* é colocado ao lado de Cristo nas escrituras sagradas do cristianismo. Lúcifer é, pois, o símbolo da força astral da natureza, na qual não existe substância redentora. Visto que somente Cristo irradia o prana de vida redentor, ele é a nova estrela matutina, que vem para nos ofertar o maná da vida.

A força astral salvadora da Fraternidade Universal, que sempre nos é trazida novamente, é designada, com muita propriedade, como sangue, como sacrifício de sangue. Portanto, também é correto quando se diz literalmente: "O sangue de Jesus Cristo nos purifica de todos os pecados".

A força astral está ligada ao sangue e ao fluido nervoso do sistema simpático.* O coração é a grande porta de entrada para a força astral, não apenas simbólica ou filosoficamente, mas no plano físico. Quando, portanto, é dito que devemos ofertar nosso coração a ele, ao Senhor de nossa vida, então podemos compreender por que isso nos é solicitado com tanta urgência. Mas também é importante que o aluno saiba de que modo deve abrir o coração ao prana redentor de Deus. Porque somente então haverá certeza de que essa força de vida divina é acolhida no sangue e em todo o sistema de vida do candidato. As consequências disso certamente não se farão esperar.

Nos mistérios de Krishna, o sacerdote-iniciado e o candidato travavam um diálogo. Quando o mestre perguntava: "Quem bate à porta?", o discípulo respondia: "O bom pastor". E quando continuava a perguntar: "Quem te precedeu?", a resposta era: "Os três ladrões". E quando continuava a perguntar: "Quem te segue?", o candidato respondia sem hesitar: "Os três assassinos".

Quando um aluno, do fundo de sua batalha pela vida, invoca o prana redentor, então ele bate à porta e obterá como resposta que irá receber a força astral libertadora, quando houver a certeza de que ele administrará o fluido da salvação como um bom pastor.

A Fraternidade Universal tem essa convicção quando o aluno estiver profundamente compenetrado de que "três ladrões o precederam". Com isso quer-se dizer que seus três santuários, cabeça, coração e pelve, foram profanados pela essência do pecado e roubados de sua verdadeira glória. Essa é a razão pela qual o ser humano atual é apenas uma sombra de sua majestade anterior.

Quando o aluno puder compreender isso, também entenderá que o tríplice templo ímpio, o resultado desse roubo, terá de ser totalmente demolido, e que ele, o aluno, terá de padecer uma morte tríplice segundo sua natureza. Por isso, ao brado de socorro deverão seguir-se os "três assassinos", que trazem consigo o processo da transfiguração.

Nisso e na sentença frequentemente citada: "Quando o discípulo está pronto, o mestre aparece", encontra-se a chave para o mistério universal, que "é o mesmo, ontem e hoje". Se quereis trilhar a senda do mistério universal e estais conscientes de que essa senda significa "transfiguração", então confirma-se para vós a palavra: "Batei, e abrir-se-vos-á. Buscai, e achareis". O diálogo que o sacerdote-iniciado mantém então com o candidato produzirá extraordinárias consequências sanadoras e libertadoras.

Por isso, esperamos com fervor que tenhais compreendido verdadeiramente que a corrente salvadora de Deus, o fluido astral salvador, é mantido até a presente hora pelo ininterrupto sacrifício dos grandes. A alusão feita ao simbólico rio de Deus da "Nova Jerusalém" também se refere ao fluido astral salvador. Em outras palavras: o mistério de Krishna de há 5.000 anos e o mistério de Cristo de há 2.000 anos também serão o mistério do futuro. Enquanto houver almas decaídas errantes no mundo da dialética, o mistério universal continuará irradiando sua força.

Na Escola Espiritual da Rosacruz trata-se de aprender a distinguir bem as duas forças astrais atuantes neste mundo. O aluno deve desligar-se completamente da antiga força e aproximar-se da nova força para, assim, formar com esta um elo. Deveis ser capazes de abrir por vós mesmos o caminho, para encontrar a única senda verdadeira. Para encontrar o único grande mistério e criar a base para sua realização existem os mistérios menores.

Há uma força astral da natureza planetária e outra que, embora não pertença a esta natureza, é mantida aqui pela Fraternidade Universal, para que todos possam, com seu auxílio, reencontrar a casa do Pai. Todo hierofante da *astralis* divina é denominado "O Bom Pastor" ou também "A Porta". "Eu sou a porta das ovelhas", diz Cristo, e "se alguém entra por mim, encontra o caminho, a verdade e a vida."

Finalmente, queremos ainda aconselhar-vos a considerar essa sabedoria mística universal, sob quaisquer circunstâncias, como um profundo segredo, como um verdadeiro mistério. O sacrifício de Krishna há 5.000 anos mostrou-se insuficiente para salvar a humanidade errante, como também o sacrifício de Cristo há 2.000 anos. Por isso, até o dia de hoje atuam muitos hierofantes, com uma incontável legião de auxiliares, para manter viva e ativa a essência do sacrifício de Cristo.

Para o ser humano que verdadeiramente deseja salvar-se do processo de mortes contínuas, a questão crucial é: como alcançar a ligação com o fluido astral salvador e, por meio dele, com o fluido espinal divino, que resultaria na correta assimilação dos quatro alimentos santos?

Essa é a questão fundamental para todo aluno que deseja seguir o caminho. A Escola Espiritual quer ajudá-lo a solucionar esse problema. Se desejais aceitar esse auxílio, é imprescindível que vossa alma se abra para o empenho divino universal e se torne silenciosa. Então, afastar-vos-eis do ilusório brilho e reconhecereis que o ouro deste mundo não possui valor.

Quanto mais a alma silenciar, tanto mais claramente percebereis a linguagem universal, que se eleva acima do espaço e tempo. E sabereis que, assim como Cristo e Krishna, as verdades eternas de ontem são as mesmas de hoje.

8

Gnósticos e rosa-cruzes

Quando vos falamos sobre gnósticos e rosa-cruzes, e quereis compreender o verdadeiro sentido de nossa intenção, deveis adotar um ponto de vista objetivo, sem preconceitos, pois a concepção de todos os que vivem no Ocidente em relação ao gnosticismo e ao rosacrucianismo foi desviada para uma falsa direção, ao longo dos séculos. Esse engano consciente contribuiu para que a grande massa perdesse todo o contato com a Doutrina Universal e se tornasse vítima apática de vários poderes temporais.

Que se esforçasse para reencontrar a verdade universal, movido por um impulso interior, encontrava fortes obstáculos em suas tentativas por causa de sua consciência aprisionada e por um preconceito inconsciente, provindo do ser sanguíneo. Quem procurou o caminho para a vida superior nos relata sobre os esforços incomensuráveis que teve de fazer, das imensas dificuldades que precisou vencer e dos inúmeros desvios que foram necessários para livrar-se da influência do sangue, do veneno que muitos antecessores deixaram em sua consciência.

Por essa razão, uma impressão objetiva é efetivamente impossível. Aconselha-se ao aluno, no início da senda, a pôr de lado os preconceitos que têm origem no sangue assim que seu anseio pela luz se torne suficientemente profundo. O novo discernimento irá fortalecê-lo para iniciar com sucesso a luta contra tudo o que o passado legou ao sangue e à consciência.

A opinião mais comum acerca dos gnósticos é que, no princípio de nossa era, certas pessoas e grupos tentaram associar toda a espécie de costumes, ritos e ensinamentos pagãos às doutrinas cristãs, de maneira que a jovem Igreja teve de travar uma forte luta para livrar-se dessa mácula, e que, há séculos, o gnosticismo pertence ao passado.

O que geralmente se pensa, ensina e se fala a respeito dos rosa-cruzes provavelmente é de vosso conhecimento. O rosacrucianismo data aproximadamente dos séculos XIII e XIV. É dito que os rosa-cruzes se ocupavam intensa e secretamente com as ciências naturais, uma vez que a Igreja proibia seu livre exercício. Eram praticadas principalmente a alquimia, a astrologia, a medicina, a geologia, a cosmologia e ciências afins.

Nesse rosacrucianismo se podia distinguir nitidamente duas correntes, a saber: a física e a metafísica, ou, em outras palavras, a corrente cultural e a corrente evolucionista. Reencontramos os descendentes das duas linhas do rosacrucianismo em dois grupos de povos: a corrente evolucionista principalmente entre os anglo-saxões, como por exemplo o movimento teosófico; e a corrente cultural entre os povos germânicos, representada pelo movimento antroposófico.

Ambos os grupos querem realizar uma libertação do homem e do mundo dentro da natureza, ou seja, *pela* natureza e *com* a natureza, sendo que um acentua mais o fator metafísico e o outro, o fator cultural. Por conseguinte, um deles mostra um caráter espiritista, e o outro, mais materialista. Por isso, é compreensível que, justamente nos países anglo-saxões, o espiritismo tenha-se expandido tão fortemente.

Pode-se, portanto, mencionar ao mesmo tempo o rosacrucianismo histórico, a Antroposofia e a Teosofia com suas diferentes ramificações, sem cometer nenhuma injustiça contra qualquer dessas tendências. Quando os seguidores de Steiner, Besant, Tingley, Spencer Lewis ou Max Heindel se designam rosa-cruzes estão no seu direito. Quando se acusam reciprocamente de imitação ou plágio, então todos estão certos, visto provirem, sem exceção, da mesma raiz.

É lamentável, é uma pena que todos os conteúdos e fragmentos dessa granada que explodiu no século XIII não tenham permanecido juntos. A história mundial, sob diversos aspectos, teria sido diferente.

Para que o panorama fique completo, precisamos acrescentar que mesmo a maçonaria, tal como é conhecida no mundo nos últimos séculos, provém da mesma base. Consideramos isso de domínio público, assim como o que foi dito anteriormente.

Se realmente estais bem informados sobre este assunto ou se ele ainda vos mantem ocupados, então é possível descobrir que deve existir outro gnosticismo, outro rosacrucianismo e — podemos dizer — também outra maçonaria, que não são os que conheceis.

Tão logo fizerdes esta descoberta, já não confundireis a Escola Espiritual da Rosacruz Áurea, que existe desde 1924, com o esoterismo cultural e metafísico conhecidos.

O gnosticismo, o rosacrucianismo e a maçonaria a que nos referimos e que queremos explicar-vos são três denominações de uma mesma corrente universal, que não é jovem nem velha, que foi, é, e será por toda a eternidade. Devido a seu caráter filosófico, tal corrente às vezes é denominada gnóstica; devido ao seu caráter cristocêntrico é designada como rosacrucianismo; e, devido a seu caráter construtivo e realizador, é equiparada à maçonaria.

A característica universal dessa corrente, que provém da Fraternidade Universal, é a total rejeição de qualquer objetivo físico e metafísico no sentido dialético. Ela não representa outra coisa senão:

1.º uma filosofia transfigurística — portanto gnóstica;
2.º uma profissão de fé cristocêntrica, que de modo algum pode ser associada a esta natureza — por conseguinte rosa-cruz;

3.º um caminho de desenvolvimento aplicado de maneira metódica e científica, o qual destrói o que é desta natureza e reconstrói o que é da natureza original de Deus — daí a maçonaria.

Essa Fraternidade Universal não funda sociedades nem igrejas. De tempos em tempos, ela vivifica escolas para auxiliar a todos os que, em determinado sentido:

1.º são unos em seus conhecimentos, portanto gnósticos;
2.º são unos em sua profissão de fé, portanto rosa-cruzes;
3.º são unos em sua aspiração, portanto maçons.

Se um aluno desviar-se da senda, em qualquer sentido, seja pelo conhecimento, a profissão de fé ou sua aspiração, a Fraternidade Universal dele se afastará imediatamente, pois reter tal aluno seria prejudicial para a obra ou significaria exploração se, por exemplo, uma escola retivesse um aluno em razão de sua posição social.

Queremos ainda tratar convosco de um sinal de reconhecimento infalível, que é o fato deste trabalho transfigurístico tríplice sempre provocar inimizade neste mundo. A ameaça de inimizade parte principalmente de dois lados: da Igreja e das correntes ocultistas.

Da parte do Estado, em princípio, nunca se experimentou ou se experimentará antagonismo. Os alunos da Fraternidade Universal são cidadãos pacatos e despretensiosos, que não se ocupam com nenhum movimento político, social ou econômico, que não se fazem notar sob nenhum aspecto e desejam, tanto quanto possível, serem deixados em paz. Não expressam nenhuma pretensão no campo material, a não ser distanciarem-se de toda a matéria no menor prazo possível.

A inimizade por parte da Igreja torna-se perigosa para o aluno apenas quando essa instituição atinge posição de poder dentro do Estado, de alguma maneira. A história mundial demonstra que, em tais casos, a vida de todos os transfiguristas corre perigo.

O mesmo acontece quando as correntes ocultistas tornam-se poderosas no Estado. Toda a liberdade de crença, de palavra e de imprensa será imediatamente suspensa, como ponto de partida para medidas subsequentes. Por isso, todo esforço transfigurístico contínuo é uma via sacra, não apenas em sentido libertador, como também em sentido natural, terreno. Também nisto o aluno se assemelha a Cristo.

Nossa era caracteriza-se por três grandes movimentos transfigurísticos: o dos gnósticos, logo em seu início, o dos maniqueus,* que se originaram diretamente dos gnósticos, e o movimento cátaro. Um quarto e grande movimento desenvolve-se em nossos dias. Entre esses grandes movimentos a obra nunca se deteve, mas continuou apenas de forma esporádica e em pequena dimensão. Em cada século obreiros proeminentes praticaram essa arte real. Mencionamos, por exemplo, Johann Valentin Andreæ,* no século XVII, e Karl von Eckartshausen, no fim do século XVIII. Os escritos deixados por ambos foram muito adulterados pelo inimigo clássico, em suas duas variações.

Esse é outro aspecto que deveis observar. Toda a literatura do movimento transfigurístico perdeu-se, foi muito deturpada ou é encontrada de forma bastante velada em poucas bibliotecas.

Mani foi assassinado no ano 277, principalmente por iniciativa de ocultistas persas. A Fraternidade dos Maniqueus, que é posterior, espalhou-se no quarto século por toda a Ásia Menor, África e sul da Europa. Ela existiu até o sexto século. Milhares de maniqueus foram assassinados por ordem dos bispos cristãos, da igreja e dos magos persas. Sua literatura foi destruída, tanto quanto possível. O núcleo da fraternidade retirou-se para a Fraternidade de Shamballa,* no deserto de Gobi. A mesma coisa aconteceu com os cátaros.* E assim também será no futuro, enquanto a ordem natural dialética permanecer.

A nobre obra transfigurística tríplice de conhecimento, profissão de fé e aspiração flui sobre o mundo todo, como um alento vindo do coração do Gobi. Depois, ela é recolhida para, mais tarde, ser enviada novamente. Ela não luta — trabalha! Ela não luta — e, no entanto, vence! Toda a inimizade não passa de um indício da vitória definitiva.

Por fim, queremos apresentar-vos, em uma breve exposição, o verdadeiro caráter transfigurístico da Gnosis* clássica. Oxalá ela colabore para que possais compartilhar conosco o discernimento universal; que possais afirmar de todo o coração a profissão de fé e que possais realizar conosco a aspiração universal, para que juntos sejamos considerados verdadeiros gnósticos, verdadeiros rosa-cruzes e verdadeiros maçons.

A Gnosis clássica é a servidora da Fraternidade Universal. Ela reaparece imediatamente após qualquer impulso novo dos grandes mestres universais. A tarefa dos gnósticos consiste, com base em um desses novos impulsos, em difundir entre os homens receptíveis o profundo conhecimento de como tudo está intimamente relacionado na verdadeira vida original. Compreendereis que o mundo conheceu vários sistemas gnósticos diferentes à primeira vista, mas que tiveram, em essência, a mesma tarefa e o mesmo alvo.

Quando falamos da Gnosis cristã não pensamos em uma nova filosofia, mas em uma filosofia renovada, uma Gnosis renovada, que coloca a mensagem antiga e imutável em uníssono com o novo impulso universal. O novo impulso deve ser conservado pelo maior tempo possível como realidade vivente e vibrante. Esta é a tarefa fundamental dos gnósticos: conservar e divulgar o impulso divino como *força* e sempre revitalizar esse impulso novamente.

Quando refletimos sobre isso, encontramo-nos, em espírito, num campo de batalha singular e gigantesco. Vemos diante de nós a luta grande e terrível entre a Fraternidade Universal e o que se denomina "o deus deste mundo" ou "o soberano deste mundo". Durante uma revolução cósmica, o deus deste mundo não perece, porém seu campo de trabalho será esvaziado. Sua presa lhe será arrancada. Quando desponta um novo dia de manifestação, é dada livre escolha a todas as entidades sujeitas ao giro da roda. Desse modo, o homem, como massa, torna-se objeto de disputa entre o Universal e o deus deste mundo.

O deus do mundo é uma hierarquia de muitas e poderosas entidades, que a filosofia gnóstica denomina de éons.* Esses éons conservam-se intatos, enquanto existirem homens a cujas expensas possam viver. Exploram a massa e mantêm-na como um grande rebanho. Vivem da força etérica, da *astralis* e da *spinalis* dessa massa. Assim que a massa seja conquistada para a nova vida, sucumbirá o reino e o poder dos éons. No tocante a isto, encontramos indicações detalhadas, embora veladas, em todas as escrituras sagradas.

A vida abominável e dramática dos éons deveria encher-nos de espanto. Eles mantêm-se na esfera refletora, que é sua prisão. Sua atividade condenável sempre ocasiona, com o tempo, uma grande revolução atmosférica. Cada vez mais entidades são retiradas de seu campo de ação e levadas à eterna liberdade. Os constantes impulsos da Fraternidade Universal sempre trazem novas colheitas, e os éons se enfraquecem cada vez mais. Para essas entidades o tempo também é uma ficção, e mil anos são como um dia, por isso vale para elas, como permanente julgamento: "O machado já está posto à raiz das árvores".

Deveis compreender bem a luta entre os Elohim e os éons. Ela não é como a retratam pintores místicos, com falanges negras e falanges brancas defrontando-se. Os combatentes enfrentam-se no objeto de seu interesse: no coração do homem, no sangue, no sistema nervoso, na consciência humana e em nosso campo de vida, o mundo. Suponhamos, por exemplo, que os Elohim irradiem sobre o mundo um novo impulso salvador e que denominemos esse impulso de "a manifestação de Jesus Cristo". Então, os gnósticos ligam esse impulso com a humanidade, da forma mais profunda e extensa possível.

Os éons adaptam-se inteiramente a esse impulso. Agem como se cooperassem a seu favor, porém tentam usá-lo para manter em pé a dialética. Dessa maneira, criam-se radiações físicas e metafísicas, como também radiações religiosas, isto é, correntes ocultas e eclesiásticas. Seu objetivo é paralisar a corrente espiritual da Fraternidade Universal no organismo humano. A magia da Igreja bem como a magia ocultista têm a mesma raiz: a hierarquia dos éons.

Assim, torna-se perfeitamente compreensível que bispos cristãos, como servidores dos éons, sejam inimigos declarados de toda a Gnosis e que esses bispos cristãos e os ocultistas se deem as mãos para exterminar qualquer impulso gnóstico ou, pelo menos, restringi-lo o máximo possível.

Desse modo, de tempos em tempos, o mundo assiste a um terrível espetáculo de hipocrisia. Usando uma máscara de sublimidade e em nome de Jesus Cristo, os éons aprisionam milhões de seres humanos — tal como ocorreu outrora em nome de muitos outros mensageiros divinos — e os tornam imunes ao toque divino, até que lhes seja dada, após uma revolução cósmica, nova oportunidade de salvação.

Ninguém é mais cristão, mais devoto, mais humano e mais amoroso que os éons e seus servidores! Entretanto, podereis reconhecê-los imediatamente por seu comportamento. Para eles é necessário que vossa consciência-eu* seja conservada, porque ela constitui o núcleo de vosso aprisionamento à dialética. Eles também procuram manter a grande multidão ignorante, visto que tal massa se presta extraordinariamente para uma exploração mágica. E se um indivíduo começa a buscar o desenvolvimento espiritual, o ocultismo apresenta-se a ele; porém os éons encaram com desconfiança esse tipo de tentativa, pois o candidato que se envereda pelo caminho do ocultismo transforma-se irrevogavelmente, ele próprio, em um éon do ocultismo.

Quase todo o Novo Testamento, em oposição ao Velho, é gnóstico. A Gnosis desaprova a maior parte do Velho Testamento, devido a seus aspectos ocultistas e suas tendências raciais que estão completamente entrelaçados com a mensagem universal. Isso pode evocar grandes perigos, como já se deu várias vezes, principalmente pela grande quantidade de nomes característicos do Velho Testamento que simbolizam fórmulas cabalísticas, surgindo assim, facilmente, ligações ocultas e obumbramentos.

Desse modo, colocamo-vos diante da Gnosis imperecível. Ela expressa praticamente a ideia de que o mundo dos sentidos mantém prisioneiro o verdadeiro Espírito divino e, por conseguinte, é imprescindível irromper para fora desta prisão, deste estado "anímico dialético da humanidade" a fim de, como homem-espírito original, ser unido à fonte original de todas as coisas, mediante conhecimento, profissão de fé e aspiração.

Na Escola da Rosacruz sois confrontados com o conhecimento universal. Sois envoltos pela realidade vivente e vibrante da Fraternidade Universal para vos tornardes rosa-cruzes, isto é, seres que professam o conhecimento universal, de modo que todo o vosso ser disso fique abrasado, que isso seja tudo para vós, que disso já não possais desligar-vos, dia e noite, e que professeis, com todo o vosso ser, esse conhecimento.

Isso significa dor, profundo desespero e grande solidão, pois conhecimento e profissão de fé instalaram-se no homem-alma que não provém de Deus, e, por isso, ele falha em todos os seus esforços para retornar a Deus.

Nessa impotência, nesse sofrimento, nesse naufrágio, ele está preparado para outra Escola — a Escola de Consciência Superior — para que possa trilhar a senda da salvação, mediante um esforço de construção e de demolição ordenado e bem orientado.

Assim, indicamo-vos a meta libertadora tríplice:

1. segundo o conhecimento — um gnóstico;
2. segundo a profissão de fé — um rosa-cruz;
3. segundo o empenho — um francomaçom.

Quem possui essa tríplice assinatura:

1. foi inflamado pelo Espírito de Deus — isto é, foi elevado ao conhecimento;
2. declinou em Jesus, o Senhor — isto é, tornou-se alguém que carrega a cruz, um professo;
3. renasceu pelo Espírito Santo — isto é, um lutador, um construtor que venceu, superou.

9

A *Pistis Sophia*

Gostaríamos de dirigir vossa atenção para uma obra gnóstica primordial: a *Pistis* Sophia.* Ela data do segundo ou terceiro século de nossa era. Seu conteúdo, porém, faz-nos retroceder através de todos os séculos das eras dialéticas até os primórdios da existência humana.

Sabeis provavelmente que toda a literatura transfigurística legítima foi destruída por bispos e magos. Portanto, pode-se considerar um milagre que, após longos séculos de perseguições, ainda subsista algo dessa obra gnóstica. O manuscrito da *Pistis Sophia* fazia parte do espólio do médico dr. Anthony Askew e tornou-se posse do Museu Britânico em 1785.

Devido a seu conteúdo e linguagem, a obra é um prodigioso evangelho e contém imensos tesouros de conhecimentos transfigurísticos secretos. Não é de fácil compreensão, e por isso pode parecer para os homens de nossa época uma confusão de profecias de oráculos, de tolices e disparates. Contudo, o aluno de uma escola espiritual, que é instruído no transfigurismo, está bem informado e logo consegue descobrir a riqueza da *Pistis Sophia.*

Porém, somente encontrará sabedoria clara e pura nesse evangelho quando tiver alcançado certo degrau em seu caminho de libertação. Então, com o auxílio da *Pistis Sophia,* terá condição de examinar o trecho percorrido e avaliar a direção e a meta do caminho subsequente. Esta é verdadeiramente a tarefa das antigas escrituras sagradas, que costumam ser compreendidas de forma totalmente errônea na vida religiosa comum.

Na religião* natural a palavra de Deus é um livro, cujos ensinamentos o homem deve vivenciar com fé e dedicação. Contudo, a fé, a rendição e esta vivência jamais poderão ser qualidades do homem dialético, pois, de antemão, vivência pressupõe poder, fé, conhecimento interior, rendição e determinada aptidão.

Por isso, a Escritura Sagrada é unicamente destinada àqueles – e somente por estes poderá ser compreendida – que encontraram a senda e nela continuam avançando. À medida que avançam, a linguagem sagrada torna-se uma bênção, pois explica os mistérios que o aluno adentrou e também indica os mistérios seguintes.

Não devemos crer que o mistério de Cristo, que chegamos a conhecer com nossa percepção limitada, seja o mais elevado mistério do universo, pois ao homem dialético foi revelada apenas uma parte daquilo que a Luz das Luzes abarca. Somente quando o aluno aproximar-se da porta da eternidade, ela se abrirá diante dele.

Quando vos falamos sobre a linguagem sagrada, como ser dialético podeis formar, no máximo, uma imagem intelectual. Mas, para os alunos que possuem condição interna de acesso à linguagem da sabedoria, isso pode significar muito mais. Contudo, não há motivo para que os outros se inquietem, pois a imagem intelectual que ganharam não é de todo inútil. É provável que, numa fase posterior de desenvolvimento, possam lembrar-se, clara e nitidamente, destas palavras que hoje vos dirigimos.

Iremos abordar as indicações deste evangelho gnóstico em uma linguagem totalmente diferente da *Pistis Sophia,* inserindo-a na filosofia da Rosa-Cruz.

Primeiro nos são apresentados quatro tipos humanos, que formam uma ordem hierárquica. O tipo mais elevado é o homem divino do reino imutável, o homem Cristo-Jesus. Abaixo deste, encontram-se os outros três tipos: o "discípulo", o homem joanino e o homem dialético.

A *Pistis Sophia* verifica expressamente que o homem dialético deve sua existência à encarnação das almas do Além, "pois" — assim diz o evangelho gnóstico — "todos os homens deste mundo receberam suas almas das forças dos arcontes* dos éons".

A filosofia da Rosacruz Áurea ensina que o homem dialético, em todos os sentidos, é desprovido de Espírito e que, em relação a ele, não é possível falar-se em homem-espírito. Ele é um ser-alma provindo deste sistema planetário. Isso significa, ao mesmo tempo, que a força espinal, que encerra em si a consciência, está desligada da inteligência primordial do verdadeiro Espírito.

O ser-alma dialético passa sua vida em sofrimento, morte e trevas, sem o Espírito, sem nenhuma direção espiritual primordial. O homem possui somente o poder de multiplicar-se. A existência da humanidade está ligada a um processo que resulta em uma dependência mútua e em uma influência recíproca das almas no aquém e no além do véu, sendo sustentado por forças cósmicas que têm sua base nas forças do sistema de vida reinante.

A existência do ser-alma, portanto, do homem dialético desta natureza, é sustentada por doze forças. Em nossa Escola, falamos das doze forças planetárias, ou seja, de oito forças etéricas, duas forças astrais e duas espinais. A *Pistis Sophia* se refere a essas mesmas doze forças planetárias quando diz que todas as almas foram retiradas das forças dos arcontes destas esferas e por elas formadas. O mundo todo está povoado por muitos milhões deste tipo humano, em realidade um tipo sub-humano. Os arcontes são as forças que mantêm este "mundo inferior" dialético. Segundo a *Pistis Sophia,* eles constituem as forças da perdição.

Os centros dessas forças são denominados éons da perdição. Os doze éons da perdição — vistos tanto em sentido microcósmico como macrocósmico — são os doze focos da lípica.* Assim sendo, essas doze forças não libertam o homem, mas sim arruínam a humanidade. Por isso, também são denominadas "as doze portas da perdição". Quanto a isto, não se trata de especulação. O evangelho *Pistis Sophia* também mostra claramente a grande e essencial diferença entre as almas geradas pelas forças deste mundo e as almas viventes, provindas das doze forças da força-luz original e por elas geradas.

O segundo tipo humano é o joanino, que infelizmente ainda é pouco disseminado neste mundo obscuro. Ele é denominado o "precursor"; é o homem que inicia o caminho de retorno à casa do Pai. Manifesta-se neste mundo tão logo a alma anelante pela vida primordial esteja preparada para renunciar à natureza dialética. Quando um ser assim dissolve, passo a passo, a ligação com a natureza, torna-se apto a realizar sua viagem através do deserto.

Dele também se diz que é "nascido de Isabel". Quando se torna claro para a consciência do homem joanino que ele é "nascido de Isabel", isto significa que tal ser rompeu, em princípio, todas as ligações com a natureza, tornando-se, assim, "estéril" em relação à natureza dialética.

Se estudarmos mais de perto o tipo joanino, sob o ponto de vista do transfigurismo, descobriremos que nele se processa uma transformação singular da alma. Nesse homem são estruturalmente dissolvidas as ligações com os doze arcontes, com as doze forças planetárias.

Nessa fase joanina é certo que ainda estaremos às voltas com um homem que decidiu percorrer o caminho de retorno, mas ainda não pode viver e agir diretamente segundo as doze forças originais. Por isso, ele é auxiliado por um mediador. Em relação a isso, falamos da mediação de Cristo.

A *Pistis Sophia,* no cap. 7, denomina a força que se encontra no corpo de João como a força "do pequeno Iaô, o Bom, que está no Meio". Com auxílio dessa força o homem João estará em condição de pregar como precursor do homem Cristo-Jesus, preparar seu caminho e batizar com a água do perdão dos pecados. O ser joanino já não possui a alma dos arcontes, mas sim a alma do profeta Elias. Portanto, ao corpo de João Batista estão ligadas a força de Iaô e a alma do profeta Elias.

A força de Iaô é a força do amor universal, que envolve o homem como um manto, tal como podemos ler no capítulo 13 da Primeira Epístola aos Coríntios. O manto do amor é o manto de Elias. Esse manto é legado como herança a Eliseu, seu sucessor. Por isso, também se diz que João Batista seria a encarnação de Elias.

O aluno da Escola Espiritual deve pesquisar todas essas coisas, pois tão logo decida levar a sério seu regresso à pátria original, distanciando-se cada vez mais do mundo dialético, o manto da renovação o envolverá, qual majestosa e radiante luz.

Com esse toque da Fraternidade Universal, o aluno alcança o terceiro estágio de seu desenvolvimento, no qual se revela o tipo "discípulo". Graças ao intermediário, o homem dialético que se tornou joanino passa então por um processo no qual se despede, fundamental e estruturalmente, das doze forças planetárias dos arcontes dos éons. Unificado completamente com as doze forças celestes, ele vive e trabalha com elas. Essas forças já não atuam desintegrando, mas sim libertando. Gradualmente, esse homem joanino tornar-se-á, com certeza, um discípulo da Luz universal.

"Discípulo" quer dizer um renascido para o estado humano original, renascido, portanto, como homem divino, como filho de Deus. Quando um aluno se torna verdadeiramente um discípulo, ele recebe uma alma proveniente das forças da ordem de Deus; nada mais sobrou da alma que foi retirada das forças desta esfera terrestre. O discípulo está sempre repleto de alegria interior, pois sabe que seu tempo se cumpriu. Ele sabe que está vestido com a veste que desde o princípio lhe fora preparada e que, uma vez envolto nesse radiante manto de luz, as portas de seu firmamento* começarão a mover-se e abrir-se. Depois lhe será permitido adentrar um mistério que jamais foi visto ou ouvido por criatura humana. A alma de um verdadeiro discípulo, como já foi dito, é totalmente renovada, e a *spinalis,* a sede da nova consciência da alma, nele está erigida como uma nova serpente.

O leitor já deve ter ouvido ou lido sobre a serpente espinal com sete cabeças, que precisa ser completamente aniquilada pelo homem dialético, antes que se possa falar de uma renovação geral. A *Pistis Sophia* fala da serpente de sete cabeças que deve ser expulsa para que o homem ganhe domínio sobre sua matéria. "A serpente" – assim diz a *Pistis Sophia* – "deve ser aniquilada para que a sua semente já não possa erguer-se".

As sete cabeças da serpente espinal correspondem, conforme nos ensina a filosofia da Rosa-Cruz, aos sete ventrículos cerebrais. Quando o ser-alma tiver sido renovado e a *spinalis* de sete cabeças da Pistis Sophia estiver novamente erigida, o aluno estará novamente em condição de pronunciar a grande e misteriosa palavra criadora.

Muitos pesquisadores e pseudotransfiguristas têm tentado descobrir essa misteriosa palavra. Contudo, como seres dialéticos, podem procurá-la o quanto quiserem, que jamais a encontrarão. A palavra criadora sempre será impronunciável para os que não realizam a transformação total, pois ela se refere ao renascimento do "basilisco[11] de sete cabeças", isto é, à *spinalis* totalmente renovada, coroada pelos sete ventrículos cerebrais. Quando as forças dos doze redentores estiverem ativas no aluno, os sete ventrículos cerebrais serão preenchidos por um novo fluido, por uma vibração totalmente nova. Cada ventrículo cerebral será preenchido por uma vibração diferente e também por outro som. Os sete

---

[11] Serpente mitológica à qual se atribuía o poder de matar apenas com a vista (N.T.).

sons também são denominados as sete vogais puras, e juntas elas formam o nome inefável.

Tão logo o discípulo esteja assim preparado e possa pronunciar o nome inefável, ele se eleva ao estado humano mais alto, o estado do homem original. Renascerá, então, como homem-Jesus. O discípulo renascido como homem-Jesus é o ser totalmente transformado, renascido. Ele é Maria, a convertida. O homem-Jesus entra novamente em ligação direta com os princípios primordiais divinos, com Barbelo, a Mãe primordial, e com Sabaoth, o Senhor dos Doze Redentores, para usar as expressões do evangelho *Pistis Sophia.* O filho perdido retornou à casa do Pai.

Compreendereis seguramente que, ao mencionar esses quatro tipos, o evangelho *Pistis Sophia* liberou grandes tesouros. Tentamos transmitir-vos uma imagem a mais nítida possível, mas essa tentativa é apenas uma pequena indicação daquilo que a *Pistis Sophia* realmente é. Esse precioso evangelho gnóstico vai muito além e nos descreve a assim denominada Pistis Sophia, ou seja, o homem, o filho perdido que, em verdadeira fé (*Pistis*) retorna à sabedoria primordial (*Sophia*). Todo esse processo é tratado minuciosamente em doze fases, e o retorno ao lar, na décima terceira fase.

Que as palavras até agora transmitidas sobre o evangelho *Pistis Sophia* possam ser compreendidas e encontrar ressonância em vós.

10

O segredo da endura*

Os alunos sérios que se encontram no Átrio da Rosa-Cruz, dispostos a despedir-se da dialética, perguntam-se diariamente: como daremos nossos primeiros passos na senda da transfiguração?

Antes que o aluno possa receber uma resposta clara a esta questão, ele precisa adquirir certa base de autoconhecimento. Deve ser capaz de discernir muito bem as diferenças irreconciliáveis entre as sendas natural-religiosa e ocultista, de um lado, e a senda mística, mágico-transfigurística, de outro. A diferença fundamental entre o ocultismo e o transfigurismo consiste no seguinte: todos os métodos ocultistas estão voltados à obtenção de uma consciência superior na esfera refletora, enquanto que o transfigurismo visa despertar um novo ser para a vida em uma ordem mundial que certamente não se localiza na esfera refletora.

Esse fato dificulta muito a compreensão mútua. Quando em nossos dias um transfigurista fala de sua concepção de vida e de mundo, surgem as mesmas dificuldades de compreensão que no início da Renascença, quando a classe intelectual dominante ainda via a terra como uma superfície plana, enquanto alguns pioneiros iluminados falavam de uma terra esférica que, além do mais, também girava. Expressar tal opinião era muito perigoso. Esses pioneiros primeiro foram advertidos, depois ameaçados e encarcerados e, por fim, exilados e queimados.

O Átrio da Rosa-Cruz está sempre repleto de homens religiosos que já não conseguem suportar a vida em suas igrejas, bem como de pesquisadores ocultistas que procuram uma consciência superior. Para todos eles é muito desagradável saber que nenhum deles poderá ser recebido no Santuário. Não importa quão grande seja a bondade que tal pessoa possa irradiar: o Santuário de uma escola transfigurística não lhe será acessível.

Não se trata aqui de falta de boa vontade ou presunção por parte da Escola, mas de uma inaptidão estrutural do candidato. O homem anelante desta natureza julga que poderá tornar-se apropriado para a vida universal por meio da bondade cultivada em sentido religioso, humanista ou ocultista. Isto é um erro absoluto. Mediante esse cultivo é possível, no máximo, elevar-se, de certa maneira, ou preparar-se para uma vida harmoniosa, porém limitada temporalmente, nas regiões mais sutis da ordem mundial dialética. Essa sempre foi a grande dificuldade. Quando um transfigurista oferece ao mundo seus tesouros, o mundo acha que eles podem ser compreendidos em sentido natural-religioso ou em sentido científico. Nesses casos, o resultado será sempre negativo.

Na vida dialética se diz que a experiência é o melhor mestre. Contudo, para os problemas com que vos defrontais numa escola transfigurística, as experiências diárias são de pouco ou nenhum significado. Quando aqui viveis vossa vida, de acordo com vossas inclinações, e em tais condições ingressais na esfera refletora após a morte de vosso corpo físico, retornareis no devido tempo, como uma criança indefesa, com uma condição sanguínea totalmente diferente e, no melhor dos casos, com uma pequena centelha de memória.

Não possuireis, porém, nenhum conhecimento sobre o reino imutável e, portanto, não disporeis de uma base satisfatória. Eis por que Jesus Cristo disse: “Muitos são chamados, mas poucos, escolhidos”.

O transfigurismo somente pode chamar-vos, porém vós mesmos é que tereis de percorrer a senda dos escolhidos.

As experiências da consciência dialética superior podem sugerir-vos que fostes chamados e iludir-vos em muitos sentidos, de acordo com vosso estado de consciência. Sois impressionados com milagres ou com fatos científicos e, talvez, também pela autoridade de um catedrático em parapsicologia.

O transfigurismo não faz nada para impressionar ninguém. Ele apenas pode chamar! Assim que um aluno começa a responder a esse chamado, seguindo essa senda, ele experimenta as primeiras alegrias que lhe presenteia a renovação, sendo incapaz de demonstrar essa renovação em sentido dialético. Sua atitude de vida é vista por um lado como cultura da bondade e, por outro, como insuportável autopresunção que não corresponde aos valores dialéticos, pois, se esse fosse o caso, esses valores certamente não seriam transfigurísticos.

Justamente sob a influência desse chamado, desenvolve-se, em todos que o ouvirem, imenso anseio, pois o transfigurismo visa ao retorno ao estado original divino. E quem não quer que essa volta ao lar se torne realidade? Assim, nossa Escola é realmente uma base na qual podemos estar e trabalhar, pois a todos os alunos é dada a capacidade de converter em prática a ciência do retorno.

O desempenho dessa ciência, no entanto, impõe severas exigências, do ponto de vista de nossos conceitos dialéticos. O aluno que segue esse caminho deixa para trás tudo o que é desta natureza, tanto o visível como o invisível. Mas isto também não é tudo, pois no fim ele perde até seu próprio ser. "Quem perder a sua vida por amor de mim achá-la-á."

Na dialética, pessoas anelantes conhecem, no máximo, a autonegação e o completo autossacrifício pleno de boa vontade individual, para consolo e bênção neste mundo. No transfigurismo, porém, trata-se de perder-se a si mesmo, de uma perda total do eu. É somente nessa perda que "Isso" é ganho. Esse "Isso" apenas esboça o elemento transfigurístico. "Isso" é o Tao.* "Isso" é o indeterminado do homem divino ainda não nascido. "Isso" nada mais possui de nós mesmos, mas para esse "Isso" ser ganho devemos sacrificar nosso ser. Este é o mistério central!

Daí a questão: "De que maneira o ser humano dá os primeiros passos na verdadeira senda?" Colocais os pés na senda quando solucionais para vós mesmos o mistério do perder-se a si mesmo. Neste mistério de perder-se a si mesmo está a chave para o conhecimento interior do retorno.

Para poder sondar esse mistério, o aluno necessita compreender a qualidade de sua própria consciência. O núcleo de vossa consciência encontra-se no fogo* serpentino, é o fluido vital presente no sistema do fogo serpentino. A cabeça da serpente da consciência corresponde à cavidade frontal, e a cauda, ao plexo sacro. A única propriedade do fluido serpentino é vida, consciência de vida. Essa consciência anima o sistema da personalidade e a impele a pensar, querer, sentir e agir.

A consciência da personalidade é dupla. Isto é, existe uma personalidade na matéria densa e cristalizada e uma na matéria sutil, que é como o reflexo da primeira. Uma das personalidades corresponde com a esfera material, e a outra, com a esfera refletora. Durante a consciência de vigília, ambas as personalidades estão situadas concentricamente, uma dentro da outra. Durante o sono, a parte mais densa da personalidade está em repouso, enquanto a vida é consciente e ativa na outra personalidade.

Com a morte, as duas personalidades são definitivamente separadas. A mais densa se dissolve, enquanto que a outra continua a viver na esfera refletora. No entanto, na esfera refletora a morte prossegue em câmara lenta. A personalidade mais sutil também se desfaz. Permanece apenas a consciência, mas mesmo ela perde-se em grande parte. Tudo o que se encontrava na consciência, como herança de terceiros, desaparece. Por fim, fica apenas a alma desnuda, como átomo de consciência.

Quando a alma estiver totalmente esvaziada dessa maneira, segue-se uma nova encarnação. Primeiro nasce a personalidade densa. O átomo-semente da consciência, a alma nua, é ligada ao fogo serpentino emprestado e posto à sua disposição por novas gerações humanas. Então, nasce novamente a segunda personalidade, a sutil, também em um processo como em câmara lenta, no decorrer de anos, até que o ser humano torna-se adulto. Mas bem antes que este estado de maturidade tenha sido alcançado, já se iniciou o novo processo de morte.

Provavelmente conheceis o transcurso dessas etapas biológicas e juntamente conosco reconhecereis que não há esperança nesse processo. Vivemos para morrer, e com isso se diz tudo.

Assim, compreendereis que o homem dialético, com seu forte instinto de vida, refletiu sobre as possibilidades de escapar desse giro da roda. Desse modo, surgiram a religião* natural e o ocultismo. A aplicação de um destes dois sistemas retarda bastante o processo da morte no próprio Além. O filme em câmara lenta diminui ainda mais sua velocidade, mesmo que seja mediante a brutal exploração de outras criaturas.

Podeis imaginar uma vida, no mundo da dialética, sem ser às expensas de outras criaturas? — Não!

Sois conscientes de que a exploração, proveniente da autoconservação e do instinto de vida, acarreta um efeito cármico de ligação crescente à terra?

Se desejais escapar à roda, não tenteis atrasar seu giro. Para isso, deveis despedir-vos consequentemente de toda religião natural e de todo ocultismo. Estando preparados para isto e tendo-vos libertado de todos os vossos exploradores, deveis então perguntar: "Minha consciência é uma consciência espiritual?"

Quem procura uma resposta honesta, ouvirá um consternado não! Pode ser que um ou outro impulso espiritual queira manifestar-se em vossa consciência, mas é completamente impossível associar vossa consciência ao Espírito. Por isso, o transfigurista afirma: o ser dialético é uma alma vivente, mas não um espírito vivente.

Encontrareis a confirmação, se refletirdes sobre a essência, a natureza e as aptidões do verdadeiro Espírito. Podeis fazê-lo, consultando a Bíblia. Ela ensina que o Espírito é eterno, perfeito, onisciente, onipotente, absolutamente divino e que a consciência em todos os tempos é subordinada ao Espírito.

Vossa consciência, vosso fogo serpentino, foi separada do Espírito universal e, portanto, está desligada do Espírito de vosso sistema original. Daí se explica vosso pensar apenas especulativo, vossas experiências e ilusões! Em muitos sentidos, o Senhor do Espírito vos abandonou. Vosso sistema somente é animado por uma consciência dominada pelo instinto de vida. No melhor dos casos, restou nessa consciência apenas uma pequena centelha de lembrança da ligação original com o Senhor do Espírito. Vossa consciência-alma não passa de um lastimável remanescente de uma glória de outrora. Tateais no escuro, não possuís mais nenhum conhecimento original, já não podeis andar na luz, tal como o Espírito é Luz.

"Andar na luz" significa conhecer perfeitamente a vida original e possuí-la, para o que é preciso dispor de uma capacidade estrutural e fundamental correspondente. "Andar na luz" não é banhar-se na luz de forma negativa, mas um grande poder. Assim como uma locomotiva sem o maquinista corre para a destruição, o mesmo aconteceu com a alma abandonada pelo Espírito: ela sucumbiu.

Contudo, na personalidade existe um instinto vital. Mas que instinto vital e que personalidade são essas! Essa personalidade está muito degenerada. Se desejais obter mais alguns conhecimentos elementares a respeito disto, recomendamos o estudo das obras do sábio Jacob Boehme. Ele vos ensinará que essa personalidade, separada do Espírito, mediante o abuso especulativo dos quatro éteres — por ele indicados como azedo, amargo, picante e doce, os quatro sabores fundamentais — não somente se cristalizou, como também sofreu, ao mesmo tempo, uma alteração orgânica e forçosamente uma deformação estrutural. Este é o motivo pelo qual "carne e sangue", isto é, a personalidade da natureza dialética, apesar de toda a refinada cultura científica, não pode entrar no reino original.

Deveis entender essas coisas e ter a coragem de tirar, por vós mesmos, as únicas e possíveis consequências. Fazendo-o, vereis diante de vós a senda transfigurística e aprendereis a compreender as exigências desse caminho em sua lógica simples, sóbria e clara. Vereis então o caminho todo como o espelho do grande mistério. "Todos os sábios do mundo deram voltas em torno disto; todos procuram a Porta, sem encontrá-la", diz Jacob Boehme.

Não nos dizem a lógica e a sóbria razão que a personalidade degenerada deve ser toda ela demolida? Não deve ser derrubado o templo da natureza dialética para que um novo templo, semelhante ao original, possa ser construído?

Mas, como isso se realiza? Respondemos a essa pergunta com outra: o que mantém vosso templo atual?

A resposta é a seguinte: vosso instinto vital, vossa consciência, vosso sistema do fogo serpentino! Esse centro de vida acompanha, impele e mantém a personalidade dialética que continuamente morre e torna a nascer.

Se desejais ser um transfigurista, então primeiro vosso fogo serpentino terá de renunciar a seu instinto vital, perder-se a si mesmo e esvaziar-se. Assim, outra força serpentina afluirá para o sistema. Ela não conservará o sistema degenerado, mas o demolirá, construindo, simultaneamente, um novo templo.

Essa força é o *salniter** mencionado por Jacob Boehme, do qual ele diz: "A palavra ou o coração de Deus está no meio do círculo dos sete espíritos como um coração que, de repente, preenche tudo no espaço microcósmico". Quem puder compreender isso, compreenda!

Enquanto o fogo de vossa consciência não estiver preparado para perder-se a si mesmo, o transfigurismo não passará de quimera. Com relação a isso muitos cometem grave erro. Suponhamos que a consciência perceba sua impotência, sua dependência, sua grande limitação e, possivelmente, também, sua condição pecadora. Então, duas reações são possíveis na busca por equilíbrio, restauração, poder e força: uma reação mística ou uma reação mágica. Em ambos os casos, o fogo serpentino, que se sente imperfeito, procura alimento, e, em ambos os casos, o ímpeto leva a uma ação. No caso de reação mística, mostra-se uma tendência natural religiosa; no segundo caso, o da reação mágica, uma tendência ocultista.

Em ambos os casos, as forças que alimentam a consciência estão em plena harmonia com o fogo serpentino. Elas não pertencem ao *salniter* da regeneração, mas são o picante, o amargo, o azedo e o doce da natureza dialética. Desse modo, a consciência não é esvaziada, e o eu não é demolido, mas fortalecido em concordância com o esforço empreendido.

Eis por que, do ponto de vista transfigurístico, a religião e o ocultismo são vossos inimigos. Eles ligam-vos mais do que nunca à roda dialética, impulsionando-vos para a autoafirmação, e tornam-vos exploradores. Quantos já cometeram este grande erro e ainda estão ocupados com isso! Eles imaginam perder seu eu, enquanto o conservam. Por isso, é necessário ver com clareza que o esvaziamento do fogo serpentino deve processar-se de modo totalmente diferente.

Voltemos, portanto, à questão inicial: como um ser humano dá os primeiros passos na senda da transfiguração? A resposta é a seguinte: começando a esvaziar o sistema do fogo serpentino! Como deve processar-se esse esvaziamento? Trataremos mais detalhadamente dessa questão nos capítulos seguintes.

Por fim, concluímos, como alunos sérios da Escola Espiritual, que as reações místicas e mágicas do fogo da consciência não são libertadoras. Pelo contrário, elas provocam o oposto. Quem clama: “Senhor... Senhor...”, engana a si mesmo. Somente quem faz a vontade do Pai entrará no reino imutável.

Qual é a vontade do Pai? Quem quiser perder seu fogo serpentino dialético despertará o imperecível para a vida.

II

A libertação

Os alunos da Escola da Rosacruz que seguem o caminho de desenvolvimento revelado na doutrina da transfiguração descobrem que o processo de libertação da ordem dialética torna-se cada vez mais abstrato. Por essa razão, a Escola compreende perfeitamente porque, no início, o aluno sente o chão desaparecer sob os pés algumas vezes, quando, em determinado momento, ele pensa já não poder acompanhar a meta à qual a Escola Rosacruz aspira e a tarefa que ela terá de realizar neste mundo.

Por esse motivo, é importante comprovar primeiro se os objetivos da Escola e vossas metas se harmonizam ou se eles se excluem mutuamente. Se estiverem em concordância, pode-se esperar, sem dúvida, um bom resultado. Se os objetivos forem opostos, no entanto, surgirão dificuldades e aborrecimentos que levarão, na maioria das vezes, a um resultado negativo.

Pode-se verificar que quase todos os nossos alunos procuram a Escola Espiritual devido a uma inclinação esotérica. Se partirmos da pressuposição de que vosso ser dialético procura uma escola espiritual para estímulo esotérico, então algo em vosso ser natural, nessa situação em que vos encontrais, se liga ao oculto. Nesse caso, o ocultismo e tudo o que a ele se refere alimentam vosso ser natural e o conservam. Trata-se, portanto, de uma contribuição para a cultura da personalidade.

Não é isso que a Escola deseja. Se este for vosso caso, as relações com a Escola da Rosacruz não são, de modo algum, harmoniosas. Falava-se antigamente de um ocultismo rosa-cruz. Entretanto, há muito tempo tal caracterização revelou-se totalmente errônea, sobretudo quando se entende por rosa-cruz aquilo que os servidores do Lectorium Rosicrucianum compreendem.

O ocultismo é uma ciência; e um poder oculto é uma possibilidade com o auxílio da qual se pode investigar o lado não revelado da natureza humana e deste mundo. Quando é que vos servis do ocultismo? Quando desejais pesquisar praticamente o Além ou examinar mais de perto a realidade do ser humano em suas qualidades e aspectos mais sutis.

Sois um verdadeiro "ocultista" somente quando tentais ampliar vosso campo de ação natural com a ajuda de vosso conhecimento. A meta do ocultista é poder "sair" do corpo físico, tornar-se clarividente ou clariaudiente e prolongar a vida aqui na esfera material, para poder atuar e afirmar-se em todas as esferas. Compreendereis certamente que o ocultismo sempre foi e será uma ciência natural, pois seus resultados estão dentro dos limites da natureza dialética.

A verdadeira Rosa-Cruz não vos oferece uma ciência oculta natural, nem uma ciência espiritual, como se denomina às vezes o ocultismo, e tampouco uma moderna psicologia ou ciência da alma. A Rosa-Cruz representa uma ciência que nada tem em comum com a ciência dialética. Ela dá testemunho de um mundo e de uma realidade de ser que, sob nenhum aspecto, podem ser explicados por esta natureza e nela não podem tomar forma. Por conseguinte, nenhuma predisposição natural pode ligar-se a esta ciência praticada pela Rosacruz.

O mundo do qual ela fala não é absolutamente oculto, e a realidade da qual testemunha não é de nenhuma maneira sobrenatural. Eles apenas se localizam fora da natureza dialética. Mas como todos nós somos desta mesma natureza, é impossível entrar nesse novo mundo e nessa nova realidade por meio de exercícios ou atividades místicas.

Dentro do quadro desta natureza dialética, uma ciência oculta pode realmente ser útil, e, por isso, podemos admirar vosso valor humano eventualmente elevado, vossa ampla visão espiritual e a riqueza de vossa alma. Não obstante, vossa inclinação cristã habitual vos levará ao deus deste mundo.

Por essa razão, a Escola Espiritual da Rosacruz gostaria de contribuir para uma compreensão correta e abarcante. A Escola Espiritual não pratica nenhuma ciência oculta. Pratica, isso sim, a ciência da transfiguração, a ciência do renascimento. Os seres dialéticos vivem numa natureza e participam de uma natureza com duas esferas evidentes, separadas por um véu. Por isso, falamos de um *Aquém* e de um *Além*. Entre essas esferas encontra-se um abismo: a morte. Enquanto vivemos aqui na esfera material, a outra esfera permanece escondida para nós, devido à nossa condição estrutural. A ciência oculta, porém, tem condição de oferecer-nos conhecimentos sobre o lado da natureza temporariamente oculto para nós e, mediante a prática de tal ciência, podemos, ainda aqui, ambientar-nos nesse lado oculto do mundo.

Contudo, nenhum dos grandes métodos ocultos — o da divisão da personalidade e o da cultura da personalidade — podem proporcionar-vos conhecimento do mundo do qual a Rosa-Cruz testemunha, ou uma ligação com ele. Não conseguireis essa ligação nem pelo corpo, nem através da alma e nem pela consciência, por mais sutis que se tenham tornado vossa natureza e vossa estrutura orgânica.

Visto podermos verificar com segurança que, apesar da mais elevada cultura, nem esta alma, nem esta consciência nem este corpo podem participar do outro reino, não é necessário que esse reino permaneça oculto, e este realmente não é o caso. Percebeis a tragédia da realidade do ser humano dialético? Saber da existência de uma realidade mundial e de uma realidade de ser libertadoras e não poder participar delas, pelo fato de a consciência, a alma e o corpo pertencerem a esta natureza?

Resta, portanto, apenas uma conclusão: visto que o ocultismo falha, somente existe uma saída, a saber: a dissolução da personalidade, do corpo e da alma, como também da consciência-eu. "Carne e sangue não podem herdar o reino de Deus", assim diz o Novo Testamento.

A Rosa-Cruz vos defronta com um processo de fenecer, de morte de vosso ser tríplice, que tem sua sede no corpo, na alma e na consciência. Isso não soa muito agradável aos ouvidos dialéticos. Contudo, se procurais a vida libertadora e desejais ser parte dela, deveis atravessar o pântano de vossa realidade de ser dialética, antes de poder chegar a vosso Gólgota, pois esta natureza não deve ser mais a base de vossa existência.

Para divisar o verdadeiro caminho, deveis saber que existem sete passagens e portas no santuário* da cabeça; igualmente sete passagens e portas existem no santuário do coração, e o mesmo no santuário da pelve. Todas as vinte e uma passagens convergem para o centro de vosso ser, para o foco de vossa consciência natural, para vosso ser-eu. Este ser-eu, que pode ser alcançado pelas três vezes sete passagens de vossa personalidade, é vosso ego tríplice. Essas três vezes sete passagens ou portas, que também podem ser denominadas de sete ventículos cerebrais, sete ventrículos do coração e sete ventrículos do plexo solar, possuem determinada vibração, certa força vital que parte do ser-eu, do ego tríplice, e que é sustentada pelos éteres planetários.

Os três candelabros* sétuplos ardem agora no fogo ímpio da natureza comum, no fogo dialético. Trata-se de abrir essas vinte e uma passagens para a força de radiação de Cristo, o princípio ígneo do Espírito Santo. O fogo do princípio terreno possui uma cor totalmente diferente daquela emanada pelo fogo do outro reino. Vossa tarefa de vida é extinguir os candelabros de vosso ser-eu.

Quando apagais o candelabro na cabeça e afastais o óleo da natureza dialética dos sete ventrículos do santuário da cabeça, desabrocha então em vós uma maravilhosa atividade, ou seja, o efeito da sabedoria que parte das doze forças de radiação da fraternidade celeste. Sois inflamados pelo Espírito de Deus.

Quando apagais o candelabro no coração e afastais o óleo da natureza dialética dos sete ventrículos do santuário do coração, inicia-se então, como prodigiosa atividade, a dissolução de todas as vossas amarras e algemas terrenas. Submergis em Jesus, o Senhor.

Quando apagais o candelabro no santuário da pelve, abris a possibilidade para novas ações e um comportamento completamente diferente. O Espírito Santo impulsiona-vos para o caminho que conduz ao renascimento.

Quando, desse modo, os três candelabros arderem pela outra força flamejante, isso significará o fim do ser-eu tríplice, pois o ser-eu não poderá sobreviver no novo fogo. Descobrireis agora que é possível apagar os velhos candelabros e acender os novos mediante a força de radiação de Cristo, a qual, sem cessar, irradia do coração do mundo em ondas rítmicas.

Sem dúvida também tereis compreendido que este morrer é independente da morte mais ou menos incidental da personalidade material. Após esse morrer do eu, a morte da personalidade transforma-se numa morte processual. Desse modo, o velho tabernáculo é demolido pedra por pedra, e um novo templo é erigido. Esse processo de morrer significa, portanto, conquistar a eternidade no tempo.

Se tiverdes compreendido essas explanações, sabereis que a assinatura do processo de perecimento não se encontra em vossas ações ou conduta, mas em vossa consciência, e que uma transformação da consciência é imediatamente reconhecida.

Dissemos há pouco que a consciência, vosso eu, é mantido pelas vinte e uma luzes e que o eu, por sua vez, mantém acesas essas vinte e uma luzes. Mediante vossa consciência, as doze forças planetárias, que ardem na lípica como doze flamas celestes, são ligadas às vinte e uma luzes da personalidade.

Essa imagem nos lembra os trinta e três aspectos da maçonaria dialética. A meta do processo de perecimento é aniquilar o foco da consciência que se encontra no centro desse sistema, de modo que essa morte cause o desmoronamento processual dos trinta e três aspectos e forças da dialética.

Porém, a vida continua! Como isso é possível? Por meio de um intermediário, por meio de Cristo, o Mediador!

O aluno que, após compreensão, desespero e confusão, se decide por essa morte que conduz à vida, recebe, de acordo com sua sinceridade, um intermediário para sua consciência. Esse intermediário ou mediador desperta para a vida o Espírito original, que um dia tomará o lugar da consciência-eu. À medida que o processo do morrer diário prossegue no sistema dialético do aluno, a força de radiação da hierarquia de Cristo, sob a forma dos doze éteres puros e interplanetários de vida, pode tornar-se cada vez mais efetiva na vida do aluno.

À medida que a força etérica viva, vibrante e santa afluir a vós, ela revivificará o Espírito original, que está resguardado no microcosmo como núcleo, como átomo-semente, e que com ela tem polaridade graças à sua energia. Assim desperta o núcleo da consciência celeste.

Uma vez desperto esse núcleo da consciência celeste, ele atrairá cada vez mais éteres novos devido a seu poder magnético, para iniciar, como vibrante nuvem etérica, sua marcha rumo à ressurreição. Essa viagem celeste, como é misticamente denominada, está a vosso alcance. Basta apenas que desejeis abrir espaço à radiação da graça de Cristo.

Desse modo realizareis o segredo do renascimento. Resta saber agora se vossa compreensão é suficientemente ampla. Trata-se de um renascimento "da água e do Espírito", tal como é esclarecido por Jesus, o Senhor. Essa exigência é também o compêndio da Rosa-Cruz. O renascimento pela água é a ressurreição do novo homem por meio dos quatro alimentos santos. O renascimento no Espírito ou pelo Espírito significa que unicamente o Espírito primordial, que é de Deus, pode ingressar no reino imutável, e não o eu da consciência natural.

Para esse renascimento pela água e pelo Espírito é que a Escola Espiritual vos chama. Somente dessa maneira a velha personalidade do pecado é demolida, e, em três dias, o novo templo é erigido. Então, cumpre-se a palavra de Paulo: "[...] daquele a quem vos ofereceis como servos para obediência, desse mesmo a quem obedeceis sois servos [...]". Outrora obedientes ao pecado, agora tendes a obediência que leva à justiça e à santificação.

Quando a Bíblia assim nos fala, pode encontrar-nos em três estados de consciência:

1.º como ser da natureza;
2.º como ser que se encontra no processo de perecimento;
3.º como ser que se encontra na liberdade.

No primeiro caso, sois o homem normal da natureza. No segundo caso, sois o homem da natureza que está crescendo em Cristo, sendo a radiação de Cristo a intermediária de vossa consciência. No terceiro caso, o verdadeiro homem está inflamado pelo Espírito primordial, que é de Deus. Sua morte consumou-se em Jesus, o Senhor, e ele encontra-se na fase do renascimento pelo Espírito Santo.

12

Os três candelabros

Como seres humanos dialéticos que vivem num mundo de ilusões, estamos bem familiarizados com a ideia de que recebemos do sol luz e calor, bem como diversos outros fluidos e forças. Do ponto de vista de nossa percepção sensorial, nada se pode objetar contra isto. Contudo, se pudéssemos penetrar por um momento na ordem de vida cósmica, poderíamos verificar, por diversos fatos, que o sol é um corpo celeste invisível.

O sol não possui luz, calor e tampouco outros fluidos nem os irradia! O sol é um campo magnético com um foco magnético primário e numerosos outros poderes magnéticos. Denominamos esse múltiplo campo magnético, abrangente e misterioso, de "Vulcano". Com sua esfera de influência, esse campo magnético toca o coração de nossa terra.

É conhecido que o interior de nosso globo terrestre é constituído por uma massa incandescente em que predomina um estado de natureza gasosa. O campo de Vulcano, que nos envolve por todos os lados, desperta no coração da terra todas as faculdades e energias que conhecemos como luz, calor e outras forças naturais. E dele as extrai.

No campo etérico circundante, cria-se então um firmamento, onde se formam concentrações de diversas energias e faculdades anteriormente extraídas da terra. Assim, surgem no firmamento o sol, a lua, os planetas e as estrelas, que se movimentam em órbitas harmoniosas, umas em relação às outras. De acordo com certas leis e de modo determinado, eles irradiam de volta para a terra e seus habitantes a luz e as diversas energias que dela extraíram. Assim, vemos e experimentamos a luz e as radiações de calor do múltiplo sistema planetário. Este, pois, é o quadro da lípica macrocósmica.

Vulcano, o campo magnético, cria a lípica de acordo com as possibilidades existentes na terra. Assim, o ser humano apenas tem uma imagem do mundo e do universo tanto quanto essa guarda relação com seu campo de vida individual. O homem dialético não possui uma imagem abrangente real do universo em sua plenitude.

A terra, na situação em que a percebemos e na qual estamos incluídos, é somente uma parte do planeta Terra sétuplo, e forma uma unidade com todos os seus moradores. Nós, seres humanos, exercemos grande influência sobre todas as forças e recursos de nosso campo de vida, tanto por meio de nosso estado de ser, como por meio de nossa atitude de vida. Em outras palavras: quando o campo magnético Vulcano extrai forças e valores de nosso campo planetário — que é nosso campo de vida — ele o faz a serviço da lípica, sendo que a lípica deve novamente servir-nos. Isso significa que são extraídas de nosso campo terrestre forças impuras e pecaminosas, depois acolhidas pelo campo de radiação. Este, por sua vez, devolve-nos tudo o que criamos em nós e fora de nós.

Sabeis que as entidades humanas se degeneram cada vez mais. Disso podemos concluir que a situação de nosso campo de vida torna-se cada vez mais crítica, em consequência do obscurecimento causado pelos pecados dos seres humanos.

Para que possais compreender bem esta situação, verificamos mais uma vez a existência de dois campos de vida: um campo magnético espiritual e, por outro lado, um campo de vida químico e elementar. Como mediador entre eles, surge um campo de radiação correspondente. Esse campo de radiação é a expressão do mais elevado objetivo da divindade, mas, ao mesmo tempo, é também a expressão daquilo que o ser humano dele faz.

Existe uma diferença de tensão entre esses três campos, o que leva necessariamente a um conflito. Esse, por sua vez, provoca distúrbios no magnetismo terrestre. Os polos magnéticos desequilibram-se, tornando um colapso do inteiro sistema inevitável. Revoluções cósmicas e atmosféricas de maior ou menor proporção provocam uma mudança completa de radiação, o que ocasiona uma extinção das luzes da lípica.

Agora precisamos comparar o microcosmo com o macrocosmo. O microcosmo de cada ser humano é circundado por um campo magnético, cujo núcleo é um campo* de manifestação que designamos como sistema da personalidade. Entre o campo magnético e o campo de manifestação do sistema da personalidade encontra-se o campo de radiação. Sob a direção do campo magnético espiritual, o microcosmo original tornou-se, pela ação recíproca entre o campo de manifestação sétuplo e um campo de radiação de igual magnificência, um ser poderoso que possuía a capacidade de continuar a expandir-se e desenvolver-se, atingindo novas glórias.

Como o sistema da personalidade atualmente está separado do campo magnético espiritual, devido aos pecados da humanidade, a consciência divina já não pode manifestar-se, sendo substituída por outro centro de consciência. A Bíblia se refere, quanto a isso, à "alma". Originalmente a alma do ser humano é a executora da vontade, sob a direção do campo magnético espiritual, o que lhe é possibilitado pelo campo de radiação. Ela terá de executar essa vontade, servindo-se para isso de um instrumentário. O resultado é então acolhido nos outros dois campos, os quais podem assim estimular a alma a uma atividade ainda mais sublime.

Portanto, o homem é um ser-alma. Em princípio, ele é um executor da vontade do Espírito. Na prática, porém, ele há muito deixou de sê-lo. Devido a um incidente em tempos remotos, o sistema foi afetado. Por isso, surgiram degenerações no campo de manifestação e no campo de radiação da lípica, que necessariamente levaram a sucessivas transformações microcósmicas.

Sabeis o que diz a Bíblia: "A alma que pecar, essa morrerá!" A morte da natureza acontece sempre de novo, por assim dizer, como um incidente. A alma extingue-se, o campo magnético espiritual já não possui um núcleo que lhe corresponda, e o campo de radiação está cheio de maldade. Com essa base, não é difícil imaginar que o resultado do próximo retorno da alma da região do Além, de antemão, deverá ser negativo. O campo de manifestação — o sistema da personalidade — está abalado, as luzes no campo de radiação estão apagadas ou já não estão em harmonia recíproca, e a alma é o produto de tudo isso.

Se compreendestes mais ou menos o exposto, ireis perguntar o que deve acontecer. A resposta é bastante simples: o atual centro de consciência terá de ser dissolvido, mas não necessariamente pela mudança de uma das duas esferas dialéticas para a outra. Trata-se aqui de uma entrega absoluta do foco da consciência. Uma alma completamente nova deve nascer e, à medida que este renascimento progride, a ruína dialética é demolida, e o novo templo é erigido.

A Escola Espiritual coloca seus alunos ante a definitiva dissolução da alma pecaminosa, ou seja, diante da morte gradual da alma na mediação de Cristo. Esta é a única possibilidade que é oferecida à humanidade decaída. É a única senda!

Certamente perguntareis de que maneira o foco da consciência dialética deve morrer, pois esta é certamente a questão crucial.

Em caso normal, quando a morte ocorre em determinado momento, o núcleo da consciência retira-se do sistema, sendo acolhido novamente na lípica. Isso é muito lógico, pois com a morte da personalidade, a consciência não tem nenhuma instância com que possa colaborar. Os candelabros dos três santuários apagaram-se, e, por conseguinte, a consciência deve recolher-se. Já não existe possibilidade de um toque salvador, um toque renovador da mediação de Cristo, da nuvem do Senhor. A nuvem do Senhor continua pairando sobre o santuário, mas não pode mais derramar suas bênçãos. No processo de morte que leva à vida, na endura, existe somente uma possibilidade, e ela consiste no caminho oposto, que agora pretendemos expor.

Para poder dar-vos um esclarecimento claro e inequívoco, devemos retornar ao que já tratamos nos capítulos anteriores. Iniciamos observando o sistema do ser humano dialético, tal como ele se manifesta em seu nível de existência horizontal.

O núcleo da consciência encontra-se no centro da personalidade do ser humano dialético. Diante dele se encontram as vinte e uma passagens, as três vezes sete luzes da personalidade, a saber: o candelabro sétuplo da cabeça, o candelabro sétuplo do coração e o candelabro sétuplo do centro da pelve. Detrás dele estão as doze forças da lípica e, perpendicular a isso, como que envolto numa nuvem, acha-se a força auxiliadora da Fraternidade Universal, Cristo, o intermediário, que deveis considerar como pertencente a outra dimensão, diferente daquela por nós conhecida.

Se podeis ter uma ideia disso, retornamos ao problema, perguntando-nos: como se inicia a endura, o processo de perecimento? Como morre o centro da consciência dialética? De que modo deve ser apagado o fogo serpentino?

Não existe outra senda a não ser a da dissolução gradativa da consciência através das vinte e uma passagens da personalidade. A consciência deve morrer diariamente de maneira tríplice. Ela deve sacrificar-se diariamente, sem interrupção, nos três santuários da personalidade. O sacrifício endurístico* significa a dissolução do eu nos santuários da cabeça, do coração e da pelve. À medida que o aluno tiver sucesso na realização desse morrer diário no templo tríplice, a nuvem do Senhor, que paira sobre o santuário, simultaneamente se derramará dentro do fogo serpentino.

Assim resulta que a afluência da mediação de Cristo é um processo que cresce em magnitude à medida que avança, diariamente, o processo de morte. Se houver perseverança, há de confirmar-se a palavra de que "chove maná do céu" para vós. Assim, estareis aptos a levar avante mais vigorosamente o trabalho exigido pela endura.

Verificamos que a consciência, o eu, deve sacrificar-se nos três santuários da personalidade. O grande autossacrifício inicia-se no santuário da pelve, o centro da ação. O aluno coloca a vida de sua consciência diante do candelabro do plexo solar e põe tudo que se refere às suas ações em uníssono com as exigências da demolição da natureza e do eu. O morrer diário inicia-se assim que o candidato negue conscientemente o princípio de autoafirmação, ao agir, habilitando seu ser, dessa maneira, a receber as forças da nuvem do Senhor, que querem verter-se sobre o santuário.

Graças a este processo de diminuir diariamente, o aluno já se encontra no meio do deserto, pois, desse modo, ele próprio se distancia da vida normal, e algo da mediação de Cristo já afluiu para ele. A nuvem do Senhor o precede qual coluna ígnea, e o que cobria seu semblante já lhe foi parcialmente retirado.

O grande autossacrifício prossegue então diante do segundo candelabro, no santuário do coração, e aqui uma tarefa muito mais difícil aguarda o candidato. Agora ele deve aprender a deixar morrer seu instinto sanguíneo com seus desastrosos efeitos. Sabeis que o sangue contrai inúmeras ligações, mas também é o resultado de inúmeras ligações. O candidato que se torna consciente de que deverá esvaziar o santuário do coração tem a tarefa de descobrir todas essas ligações e desatar algema por algema. Esses vínculos podem ser heterogêneos, mas todos provêm desta natureza. Tanto podem ser puramente sentimentais, como também ligações relativas à raça, ao povo e à família.

À medida que o aluno avança nesse processo de libertação, a nuvem sobre o santuário derrama-se em força e plenitude com intensidade crescente, de modo que a mediação se torna sempre mais dinâmica, e a morte do aluno cada vez mais fácil.

A seguir, o candidato é colocado diante do terceiro candelabro, o do santuário da cabeça. Essa morte é a mais difícil, pois é no santuário da cabeça que a própria consciência reside, e para lá também afluem as forças da lípica. Aqui se encontra a cabeça da serpente. A inteligência dialética tem sua sede no santuário da cabeça. Nesse santuário flameja a vontade vermelho-escura. Também a dúvida, que é a fonte da inquietação e do medo, tem ali sua morada.

Nessa fase, João, o ser humano dialético que está morrendo, pergunta ao Senhor por meio da mediação: "És tu aquele que estava para vir ou havemos de esperar outro?"

E quando houver-se dissipado toda a dúvida quanto a quem sairá vitorioso, a consciência dialética submerge na morte pela endura. As doze forças da lípica já não exercem influência porque já não existe ligação entre elas e o sistema da personalidade. A inteligência dialética e a vontade desenfreada são aniquiladas, na certeza de que não é a vontade que irá vencer no sentido dialético, mas a vontade superior do tesouro inalienável. A partir desse momento, em vez da consciência dialética, no centro do sistema da personalidade que foi abandonado, encontra-se um novo fogo serpentino, a mediação de Cristo. Por meio dele se manifestará o processo posterior do renascimento.

Essa mensagem vos é transmitida para que possais demonstrar algo dela em vós e por vós. Ela pode significar para vós o supremo remédio, se a utilizardes como verdadeiros maçons.

Quando o aluno sente crescer em si a mediação, seu campo de vida torna-se um deserto, sim, um caos. Ao mesmo tempo, com o novo ser-alma, desenvolve-se um novo campo de vida. Isso é acompanhado pelo desenvolvimento de um novo campo de radiação.

Quando o sol da velha lípica declina, levanta-se simultaneamente um novo sol, e o aluno vivencia sua alvorada celeste, sua aurora. Em meio ao grande e sagrado processo do renascimento, uma luz eleva-se à abóbada celeste no firmamento de seu sistema microcósmico. Ela irradia a partir de si, em si, através de si e jamais perece.

O sol da natureza comum, tal como se encontra no campo de radiação microcósmico, é a imagem da alma pecaminosa e morta, porém o sol da natureza original é a radiante prova da eterna perfeição divina. Podeis despertar este sol, se quiserdes seguir a senda. Tornai-vos, pois, sábios como as serpentes!

A Fraternidade, cuja cabeça é Jesus, esteja convosco desde agora e por toda a eternidade.

13

Contemplação · Percepção · Vivência

Quando um aluno na senda se dedica à questão do nascimento da alma mediante a transfiguração, verificará que é relativamente fácil compreender seus aspectos filosóficos. No fundo, uma despedida teórica da dialética é possível em pouquíssimo tempo.

Infelizmente muitos se contentam com uma decisão teórica nesse sentido. Sabemos que a teoria por si só não possui nenhum valor essencial. No entanto, as dificuldades que surgem durante a viagem através da matéria — realizada após a despedida do mundo da dialética — parecem insuperáveis para muitos.

Certamente compreendeis que a Escola da Rosacruz não pode contentar-se com uma realidade aparente. Ela precisa conduzir seus alunos da contemplação à percepção, e desta, à vivência. Aqui se manifestam, frequentemente, tensões quase insuportáveis. Contudo, a Escola não seria a Escola Espiritual se deixasse os alunos entregues a si mesmos, pois não devemos estimular-nos uns aos outros para libertar-nos do aprisionamento terrestre e obtermos a liberdade dos filhos de Deus?

Por isso, podemos perguntar: por que muitos não avançam e se aproximam da nova vida de maneira extremamente penosa, embora compreendam plenamente o que a Escola Espiritual deseja? Por que muitos falam seriamente sobre a mediação de Cristo, a qual nos é trazida pela Fraternidade Universal, embora não possam abrir caminho até ele?

A essa difícil pergunta a resposta somente pode ser: devido à inexistência de uma consciência que, de algum modo, possa entrar em contato com a nova vida. Embora a nuvem do Senhor paire cheia de força e poder sobre o santuário do microcosmo, ela não pode derramar-se. Não há espaço algum no sistema dialético para isso; o maná celeste apenas pode chover no deserto.

Precisais compreender bem isso. A consciência do homem, o sistema do fogo serpentino é desta terra, provém da natureza terrena. Somente quando esse sistema do fogo serpentino perder seu campo de tensão, tornando-se um deserto, é que o alimento salvador pode penetrar no sistema dialético e iniciar a transfiguração.

Esse alimento celeste sempre é representado, na linguagem iniciática, como sendo de aspecto duplo, isto é, como alimento e bebida, como corpo e sangue, como néctar e ambrosia, como água viva e pão da vida. Quando o deserto é a realidade de vosso ser, quando recebeis gratuitamente a água viva e o pão da vida, consuma-se em vós o mistério da milagrosa alimentação. Somente então se pode falar de contemplação.

Quando o sistema de consciência dialético mantém plenamente seu campo de tensão e com isso suas forças, esse milagre é unicamente uma possibilidade teórica, sobre a qual se pode fantasiar e discutir, escrever livros e desenvolver sistemas. Estamos então intensamente ocupados com a teoria, passamos anos tecendo especulações e brigamos devido a desentendimentos e diferentes opiniões. Porém, um único segundo de realidade, sim, a fração de um segundo do toque vivente, poria fim a tudo isso e faria com que víssemos nossa coleção de curiosidades metafísicas como um jogo infantil.

Muitos desejam fazer da Escola Espiritual uma galeria de curiosidades repleta de coisas irreais e banalidades. Por conseguinte, não pode deixar de haver um conflito. Tem início uma luta em prol da alma humana que deve ser salva, mas que no fundo não o quer.

Que sabeis do amor divino que procura o que se encontra perdido, que sempre está ao lado da alma humana para ajudá-la e incessantemente procura libertá-la? Que sabeis disso? Que sabeis dos obreiros que trabalham no mundo? Que sabeis de como são tratados por aqueles a quem dirigem seu amor? Nada sabeis! Realmente nada sabeis, e, por isso, tudo vos é perdoado de coração.

E não serei deixados. Conforme o estado de vosso sangue e de vossa consciência, reagireis às coisas que chegam a vosso campo de tensão ou intelectualmente, ou emocionalmente, ou com uma ação. E assim não avançareis. Por isso sempre sereis sacudidos novamente: para que possais atingir a contemplação. Tentai, em todo o caso, contemplar algo da nuvem que paira sobre o santuário, a mediação de Cristo, a qual se manifesta no campo de força da Fraternidade Universal.

A nuvem sobre o santuário possui uma tensão tríplice, três aspectos. Nós os denominamos: contemplar, perceber, vivenciar.

O aluno não pode chegar à contemplação mediante o estudo de uma lição, ou por um impulso espontâneo de seu subconsciente, mas somente pelo sofrimento e pelo desgosto, por meio de um coração alquebrado. Neste mundo existe muita dor e muito desgosto, mas é certo que nem todo o sofrimento nem toda a amargura levam à contemplação. Quando sofreis porque as coisas não ocorrem segundo vossa vontade, quando sentis dor por haver transgredido determinadas leis da vida ou quando sois atormentados devido à falta de consciência, então a porta eterna não se abrirá para vós.

Apenas no sofrimento de um coração dilacerado se manifesta o milagre divino, ou seja, no tormento proveniente da procura, do indescritível anseio por salvação, da fadiga de vossa natureza, de uma luta sem esperança contra uma vida que não quereis nem desejais, de um inútil martelar contra portas de bronze; no sofrimento que resulta da renúncia definitiva a toda a luta, por uma consciência que se sabe completamente destroçada; e no sofrimento que vem do silêncio de um coração partido. Então, ouvireis a voz: "Vinde a mim, todos os que estais cansados e sobrecarregados".

Agora, não deveis tornar-vos sentimentais e imaginar alguém que se arrasta através de uma noite escura e gélida e, repentinamente, vê abrir-se uma porta e ouve a voz de um pregador numa reunião do exército da salvação: "Vinde a mim...!".

"Ouvir a voz", no sentido da Bíblia, é algo totalmente diferente. Refere-se ao som que emana do campo de força do reino imutável, pois cada força possui sua vibração e assim também seu som. Essa é a música das esferas consagradas a Deus, que o aluno pode ouvir quando, no silêncio do coração dilacerado, houver terminado todo o conflito segundo a natureza e toda a luta para a salvação de seu eu. É a voz magnética que chama o exausto, é a força que concede a verdadeira quietude.

Por esse toque, por essa música, o aluno chega à contemplação de um mundo que não é desta natureza. Não existe música terrena que possa comparar-se a essa voz. O salmista fala poeticamente, a esse respeito, do "farfalhar do Líbano".

Quando o candidato deu um passo na senda em direção a essa voz, ele está repleto de uma alegria sem limites, pois a Luz o encontrou em sua noite. Assim como um peregrino na escuridão se orienta por um pequeno lampejo de luz à distância e, desse modo, sabe onde está seu caminho, assim também o aluno adquire um conhecimento seguro. Toda a indecisão e toda a fé em autoridades desapareceram. Daí em diante existe nele somente o saber interior ilimitado, que permite ver e conhecer a senda. As dúvidas e as especulações sem fim da dialética permanecem somente para os que ainda não possuem essa visão.

A contemplação é a primeira radiação da mediação de Cristo. Quando o aluno se aproxima cada vez mais dessa voz luminosa, ele passa da contemplação à compreensão e vê, com maior nitidez, a qualidade e a natureza da luz. Pode examiná-la e percebê-la. Esse é o segundo aspecto da nuvem sobre o santuário, a segunda radiação de Cristo. Se a primeira radiação concedeu uma alegria irradiante, a segunda revela a Gnosis divina.

O aluno que prossegue da contemplação para a percepção ouve, cada vez mais clara e nitidamente, a voz: "Vinde a mim, todos os que estais cansados e sobrecarregados, e eu vos aliviarei". Com a percepção, adquire-se quietude e consolo.

Entretanto, essa quietude e esse conforto não são os de um cidadão burguês saciado, sentado em sua poltrona, ou de um homem cujos interesses estão consolidados, ou de alguém sonhando com a viagem de férias. É a quietude da Gnosis, do conhecimento adquirido do plano divino, da necessidade lógica do processo de libertação transfigurística; é a quietude na sétima luz do candelabro, que está no meio. A sétima luz forma a síntese das seis outras flamas de Deus; é o entrar na quietude do conhecimento imperecível, ao qual nenhum estudo conduz.

Quanto transtorno e desgosto ocasionam o saber dialético e tudo o que a ele se relaciona. Todos nós lemos e estudamos bastante, e muitos o fizeram com certa paixão, pois foram pesquisadores sinceros. Nossa procura se volta, sob diversos aspectos, para a mesma direção. Mas será que tudo isso nos aproximou mais uns dos outros e impediu nossos mal-entendidos? Pudemos realmente obter a quietude da realização, a quietude proveniente do conhecimento radiante e direto? A quietude da percepção como certeza plena e permanente? Passou a ser parte nossa a quietude de Deus, isto é, a quietude do eterno Espírito oniabarcante? Não parece que seja assim.

Porém, também a vós é prometida essa quietude divina. Essa promessa se dirige a vós, como alunos da Escola Espiritual. Sobre todos vós, como seres dialéticos, pesa uma maldição, uma maldição que é expressa na Epístola aos Hebreus e nos Salmos pelas palavras: "Não entrarão no meu repouso".

Então, apelamos para vossa inteligência. Existe uma promessa de quietude e existe uma maldição: "Não entrarão no meu repouso". É difícil imaginar uma contradição maior e mais completa. Entretanto, é muito claro que o caminho transfigurístico não conhece nenhum compromisso. Tudo o que provém desta natureza, isto é, nenhum ser dialético, pode entrar na quietude, no repouso da Gnosis divina. Todos os esforços neste sentido são em vão.

A promessa dessa quietude não é válida para vós como seres desta natureza, mas para a possibilidade contida em vós de uma nova ligação com o Espírito, em total sacrifício – após a libertação de vosso sistema espinal do fogo do eu – para assim demolir o antigo templo e erigir o novo. Essa promessa vale para os que querem trilhar a senda da transfiguração. Tudo o mais acarreta à alma cansaço e dor.

Podemos comprovar, com base na história da humanidade, das coisas e do mundo, a completa inutilidade dos esforços dialéticos. Também o sabeis por experiência própria. E se já estais cansados dessa luta, então podemos continuar a falar sobre esse assunto.

É possível que, após muitos anos de esforços pela libertação por vós mesmos, ficastes cientes de vossas limitações, de maneira que podeis compreender essas palavras. Então, dirige-se a vós a advertência da Epístola aos Hebreus: "Hoje, se ouvirdes a sua voz, não endureçais o vosso coração". Procuremos, pois, entrar naquele repouso, porque é exigido um poderoso processo alquímico de transmutação, a grande transformação.

Tão logo a palavra viva de Deus, que é a vibração mágica do Espírito eterno, vem a nós através da ponte da contemplação, o aluno é incluído num poderoso acontecimento. Esse acontecimento é descrito na Epístola aos Hebreus, como segue:

[...] *a palavra de Deus é viva, e eficaz, e mais cortante do que qualquer espada de dois gumes, e penetra até o ponto de dividir alma e espírito, juntas e medulas, e é apta para discernir os pensamentos e propósitos do coração. E não há criatura alguma oculta à sua presença; todas as coisas estão nuas e descobertas ante os olhos daquele a quem devemos prestar contas.*

Conheceis essas palavras. Elas contêm a breve síntese das núpcias alquímicas de Cristão* Rosa-Cruz. Talvez tomastes conhecimento desta expressão com certo desdém: "[...] dividir sangue e consciência, juntas e medulas [...]". Com indicações como essa não dá para fazer-se muita coisa. Para os transfiguristas, contudo, elas são a prova de que o autor da Epístola aos Hebreus estava perfeitamente familiarizado com a magia da transfiguração.

Quando a eterna força da nuvem sobre o santuário penetra no fogo serpentino, ela age como uma espada de dois gumes. É com seu auxílio que a nova consciência que se está desenvolvendo é separada totalmente do ser sanguíneo dialético. A dissolução do ser sanguíneo começa na medula, na qual, como sabeis, são formados os glóbulos vermelhos do sangue.

As forças do antigo sistema nervoso autônomo, que controlam as juntas, já não podem impedir esse processo de dissolução, de maneira alguma. Na quietude mágica da sétima luz do candelabro, o antigo templo é inteiramente demolido. Dele nada mais resta nessa poderosa transmutação.

E, assim, o aluno vai da contemplação à percepção e, por fim, à vivência. Se podeis perceber essa voz, mesmo que ela seja muito fraca, então não endureçais o coração! Se o coração tiver sido destroçado, tornando-se silencioso, pode surgir o repouso da realidade vibrante e eterna.

14

O manto de pelos de camelo

Na vida de um aluno pode acontecer que ele veja a senda iluminada diante de si, qual um relâmpago. Podemos caracterizar esse resplandecer como o alvorecer da nova vida provinda de Cristo. Quando pronunciamos a palavra "Cristo", não nos referimos a uma figura pessoal, a uma ideia alimentada conscientemente durante séculos pelos círculos teológicos, porém referimo-nos à radiação de Cristo do campo original de radiação.

É nossa íntima prece que também vós possais, um dia, experimentar esse reluzir da nova consciência, pois este é o primeiro passo no caminho para o âmago da nova vida. Se a radiação do trabalho do átrio da Rosa-Cruz consegue alcançar-vos, recebei-a gratuitamente, e seus obreiros se esforçam "de graça" para mostrar-vos o caminho libertador e ligar-vos à sagrada substância universal, que é duodécupla.

Não fiqueis sem reação, pois sabeis, do passado, que os lugares onde os mensageiros da humanidade mais empregaram sua energia, sem obter o mínimo resultado, foram os mais amaldiçoados, assim como os seres humanos a quem muito pessoalmente eles se dedicaram sem também obter o mínimo resultado. Quem procura a Escola Espiritual da Rosacruz, mas no momento decisivo não se deixa comover por ela é digno de compaixão.

Podemos compreender quando, a este respeito, o Senhor de toda a vida diz: "Por isso eu vos digo que haverá menos rigor para Tiro e Sidom, no Dia do Juízo, do que para vós. E tu, Cafarnaum, que te ergues até o céu, serás abatida até o inferno".

Quem são os moradores de Tiro e Sidom? São aqueles aptos para uma vida de francomaçonaria. E quem são os moradores de Cafarnaum? São os que estão em condição de trilhar a senda do despertar de uma consciência superior.

Jesus, o Senhor, dirige-se aqui a todos os que pertencem a esses dois grupos, que também são encontrados no templo da Rosa-Cruz, e acrescenta: "Menos rigor haverá, no Dia do Juízo, para com a terra de Sodoma" — que é o charco da terrível luxúria e pecado — "do que para contigo".

Isso nada deixa a desejar quanto à clareza. Assim, a um aluno da Rosa-Cruz pode ser concedida a graça mais elevada, mas por outro lado, ele também pode atrair sobre si o maior castigo. Por isso, esperamos de todo o coração que possais em breve vivenciar o primeiro reluzir da nova consciência, pois esse é o primeiro passo.

Após sua repreensão enérgica, Jesus ergueu as mãos e disse: "Graças te dou, ó Pai [...] que ocultaste estas coisas aos sábios e entendidos, e as revelaste aos pequeninos. [...] e ninguém conhece o Filho, senão o Pai; e ninguém conhece o Pai, senão o Filho [...]". Em outras palavras: ninguém alcançará a consciência de Cristo sem a nuvem dos éteres santos que paira sobre o santuário.

Assim termina o sermão de penitência, na paz e na quietude do toque divino. Também os servidores da Escola muitas vezes devem falar claro e de forma enfática para vós, a fim de que possais reconhecer a meta da vida gloriosa e libertadora: "Vinde a mim, todos os que estais cansados e sobrecarregados, e eu vos aliviarei".

Cristo se refere aqui ao cansaço de vosso ser natural. Tal cansaço se dá porque vossa consciência chegou à conclusão de que vossa vida, no fundo, é infrutífera e que tendes de carregar tantas coisas sem sentido convosco, coisas completamente inúteis, que nem dá para expressá-lo em palavras.

Nossa linguagem enérgica e as provas na Escola da Rosacruz não têm outro objetivo senão arrancar-vos do velho e conduzir--vos para a paz eterna, para a quietude e o silêncio da verdadeira vida, e mostrar-vos a senda libertadora para que, ainda nesta vida, possais obter a liberdade. É completamente vossa a decisão de aceitar ou não essas indicações, pois nossa Escola segue exclusivamente o caminho da automaçonaria.

Sabeis que o sistema da personalidade possui determinada consciência. Essa consciência é o fator assimilador e, ao mesmo tempo, o fator ativo em vossa existência; é ela que anima ou vivifica vosso sistema. Seu foco está localizado no ventrículo frontal, e ela está ligada a vosso fluido nervoso, comunicando-se também com cada célula de vosso ser.

Essa consciência, essa alma, não é de modo algum o Espírito. O Espírito encontra-se fora da alma. Denominamos Espírito o campo magnético espiritual, que influencia o sistema da personalidade. A consciência — a alma — reage a essa influência e eventualmente concretiza as sugestões recebidas do Espírito.

A consciência, a alma original, não possui nenhuma estrutura orgânica. Ela compara-se a uma nuvem, a uma chama ou a uma vibração que vivifica. Portanto, se a alma, a consciência, já não está em condição de acolher as sugestões do Espírito e transformá-las em uma realidade divina, então essa consciência torna-se inadequada, e a alma morrerá. Logicamente, uma nova radiação de consciência tomará o lugar da alma que está morrendo.

Essa breve exposição constitui o cerne de toda a nossa filosofia, da ciência da transfiguração em sua totalidade. Devemos ainda acrescentar que a alma pecadora não desaparece assim tão simplesmente. Embora ela não possua uma estrutura orgânica, é contudo uma entidade criada, uma realidade dotada de vida. Assim, a alma leva uma vida mais ou menos independente. Como administradora do campo de vida, porém, ela terá de realizar, em livre obediência, as sugestões do Senhor.

Caso deixe de fazê-lo, tal falha poderá ser corrigida ainda no início. Porém, a persistência no erro pode provocar um estado estrutural, e assim se rompem as ligações entre a alma e o campo do Espírito, ficando a alma entregue a si mesma. Sua situação pecaminosa demonstra-se, entre outras coisas, na lípica. Sem o Espírito, a alma já não é capaz de manter seu sistema, e, por isso, uma parte da personalidade perece, e a alma retira-se por algum tempo para o Além, para de lá encarnar novamente.

Para que ela possa dispor outra vez de uma nova personalidade, esta deve ser despertada à vida, por meio do sistema terreno de manutenção da espécie. Em consequência, a alma que está momentaneamente presente em vosso sistema já não é a alma original, que se desviou da senda, mas uma mistura dessa alma com milhares de outras. Desse modo, surgiu uma comunidade de almas terrenas, dialéticas, não libertas.

Com base nesse conhecimento, existe apenas uma escolha para o aluno: ou continuar sendo um "homem-alma" ou tornar-se um "homem-espírito", segundo o exemplo de Cristo. Entre ambos, encontra-se a senda, e nessa senda se ergue a cruz da morte, que ninguém pode evitar.

Quando o aluno souber preparar o caminho certo e aceitar a cruz do perecimento do eu, alcançará a contemplação da luz primordial. O aluno na senda que chega a essa contemplação, inicia sua viagem através do deserto. A vida dialética perde todo o encanto para ele. Ele a vê como ela é, e a aceita como tal. A disputa pelo melhor lugar, na luta pela existência, acabou. A energia que ainda lhe resta, ele a usa para realizar a morte da alma.

Esse morrer consuma-se como um "esvaziamento" nos três santuários. Com isto, dirigimos a atenção para a atividade da atual consciência-alma, que tem sua base na *spinalis* e que irradia de modo individual e diverso através do santuário da cabeça, do santuário do coração ou do santuário da pelve. Dessa maneira, sem se forçar, o aluno inicia a viagem através do deserto para alcançar a terra prometida que já vislumbra à sua frente, como uma luz a distância.

Essa morte em forma de um processo deu ensejo a inúmeros mal-entendidos. Muitos acham que terão de passar por um período de grandes sofrimentos, no qual se arrastarão, com o rosto marcado pela dor, em um mundo que interiormente amaldiçoam. Nada é menos verídico.

A fé baseada no reconhecimento causa, ao contrário, uma alegria radiante, pois tal ser vai ao encontro da nova vida. Em concordância com isso, essa pessoa leva uma existência muito ativa. Além do mais, sua característica é não ter quaisquer problemas sociais ou dialéticos. Quando não se tem interesse por determinado assunto, não se levantam questões.

Uma característica adicional de tal aluno na senda é que ele usa um "manto de pelos de camelo", assim como um "cinto de couro" na cintura, e se alimenta de "gafanhotos" e "mel silvestre".

Usar um manto de "pelos de camelo" significa o desejo de revestir-se com a substância universal e empreender isso em obediência voluntária à lei do reino imutável. O camelo, no caso, é o "camelo voador", antigo símbolo da vida universal. Essa ideia coincide com a imagem do dragão que deve ser morto para poder-se viver.

O "cinto" é o símbolo do ser humano que, em sua viagem à morte da alma, perdeu toda a ambição com relação à vida comum e inferior.

Com o termo "gafanhoto", o *Zohar* e os antigos gregos designavam as serpentes. Um aluno na senda, que se alimenta de serpentes, um "filho das serpentes", é alguém que, em concordância com sua roupagem de pelos de camelo, nutre-se da sabedoria universal. Esse aluno passa do reconhecimento à percepção.

O "mel" acentua ainda mais o alimentar-se com a força do Altíssimo, do verdadeiro Espírito divino.

Disso podemos concluir, então, que o "manto de pelos de camelo" leva o aluno novamente à relação correta com o campo magnético espiritual. O "cinto de couro" indica que o pecado, que trouxe toda a perdição, já não é cometido. "Gafanhotos" e "mel silvestre" comprovam que o aluno, no novo campo de radiação manifestado, é capaz de alimentar-se de acordo com a lei divina.

Dizemos tudo isso para esclarecer que, se quereis seguir a senda e tornar-vos alunos da Rosa-Cruz, deveis iniciar uma nova vida. Não basta apenas ficar na contemplação, e isso podemos comprovar.

Diversas vezes já comparamos o microcosmo com o macrocosmo e descobrimos que também o ser humano é envolto por um campo magnético espiritual, por um campo de radiação e um firmamento, e que a personalidade constitui o planeta microcósmico. Se todo o sistema deve renascer e retornar à sua pátria original, sendo libertado da influência de nossa lípica, da esfera refletora e da morte que faz parte desta ordem de natureza, então precisaremos retirá-lo de um mundo que não corresponde à lei divina e também de um modo de vida (com as suas respectivas consequências) que estão fora da natureza divina. A Escola não se satisfaz com menos do que isso. Essa é uma condição evidente, muito sensata e simples. Desse modo vos libertareis da servidão e entrareis na nova vida.

Ao colocar isso em prática, percebereis que é possível usar essa chave sem dificuldades. Daí nosso conselho de concentrar todo o vosso ser, de forma a ativar em vós o mediador Cristo, que também existe para vós, para que o foco celeste novamente possa desenvolver-se em um campo de radiação de Cristo. Isso precisa estar em primeiro plano em todas as vossas ações.

O processo de libertação deve iniciar-se no âmago de vosso ser e acha-se totalmente em vossas mãos. Examinai bem se considerais a nova vida realmente a partir de vosso íntimo. Vosso coração está voltado à força de radiação de Cristo? Corresponde vosso procedimento, sem que vos forceis, à vida pela qual ansiais?

Desse modo, libertais vossos três santuários da velha natureza e abris o caminho, e a Fraternidade vos considera. Então, o novo foco de vida ressuscitará e atrairá em abundância para vosso microcosmo a substância universal de vida, que realizará assim sua tarefa santificadora e libertadora. Então, sobre a veste da alma se estende o manto do Espírito, e o microcosmo pode viver e agir em conformidade com isso.

O aluno que assim seguiu o caminho do perecimento, ressurge na *unidade* da verdadeira nova vida. Ele vivencia e experimenta a *liberdade* dos filhos de Deus. Ele está ligado com o puro *amor* universal. Ele é realmente homem e realmente Deus.

Quando participardes do Espírito de Cristo, compreendereis essas palavras. Permita Deus que nos encontremos nas fileiras dos libertos.

15

As causas das doenças

Gostaríamos de falar convosco sobre as causas de diversas doenças e, em especial, sobre as causas do tão temido câncer. No círculo das pessoas que estudam a ciência sagrada da transfiguração, essa questão deve ser considerada como uma necessidade urgente sob todos os pontos de vista.

Quando mantemos contato com médicos e pessoas que trabalham em hospitais, isto é, com pessoas que lidam diariamente com doenças e seu combate, e quando se está familiarizado com a literatura sobre os sofrimentos corporais da humanidade, somente podemos ter a maior admiração diante dos heroicos esforços na luta contra as causas das patologias, que são inúmeras e misteriosas. Por outro lado, pode-se notar uma crescente inquietação devido ao fato de que muitos dos novos remédios, antes anunciados como muito eficientes, não terem, de modo algum, correspondido às perspectivas. Além disso, pode-se verificar que as possibilidades terapêuticas e o atendimento ficam muito aquém do crescente aumento das doenças.

Com relação a isto, também é lamentável que as autoridades médicas muitas vezes ocultem da opinião pública a realidade. Naturalmente, seus motivos são os mais diversos e podem ser, por exemplo, até de natureza humanitária. Contudo, tal procedimento é sempre condenável. Sempre que a dura realidade vem à luz, crescem o pânico e o desespero, e, com isso, a suscetibilidade às doenças aumenta cada vez mais.

É compreensível que os seres humanos dialéticos se sirvam de leis dialéticas. Quando determinada situação ameaça escapar do controle, pode-se decidir não falar sobre esse perigo, na esperança de logo tornar a assumir as rédeas.

Assim, é igualmente compreensível que, em determinadas circunstâncias, se silencie sobre as situações que ameaçam um ou outro povo, ou talvez se exagere na descrição dos perigos, quando se conta com poder reverter em breve a situação. Também é compreensível quando nos círculos médicos a verdade é encoberta ou se silencia a respeito dela, enquanto em segredo se espera, com ou sem fundamento, que em breve sejam encontrados meios e caminhos para enfrentar determinados perigos. Portanto, por que inquietar o público sem necessidade?

Como gnósticos, achamos que desse modo são alimentadas falsas esperanças. A miséria corporal aumentou realmente de modo alarmante. Salvo raras exceções, o sistema humano em geral se tornou mais suscetível às doenças, e os índices de redução da mortalidade dão uma falsa impressão. Eles assinalam pura e simplesmente o fato de que se pode prolongar a vida, mas não curar as doenças.

Nós, que estudamos e praticamos a ciência da transfiguração, cremos poder afirmar que não há remédio — quer em forma mais sutil, quer em forma mais comum — para os padecimentos da humanidade no campo material. Damos aqui nosso parecer como leigos em medicina e, quanto ao que nos toca, não precisais atribuir-lhe valor. Não pretendemos dar a impressão de possuir todos os meios e métodos das ciências médica, biológica, química e demais ciências correlatas, como também não queremos aparentar uma falsa erudição. Quem tenta algo semelhante na realidade é um inimigo da humanidade e cedo ou tarde cairá na própria armadilha.

Defendemos essa opinião como estudiosos e praticantes da ciência da transfiguração, na verdade com base em uma experiência de muitos anos. Essa experiência nos levou à seguinte conclusão: todos os remédios e métodos terapêuticos conhecidos neste mundo ou que ainda serão criados são, sem exceção, de natureza dialética. Como é do conhecimento geral, inúmeros remédios são preparados empregando-se diversos componentes, extraídos, por exemplo, do reino mineral, e certamente neste campo ainda há muito para descobrir-se e fabricar.

Também os reinos vegetal e animal contribuem em grande escala para a fabricação de grande quantidade de remédios, desde os mais comuns até os mais extraordinários. Da mesma forma, o reino humano fornece sua contribuição aos fabricantes de remédios. Queremos poupar-vos dos detalhes que destoam do bom gosto.

Além disso, há tratamentos à base de água e de luz. Os métodos modernos de terapia de luz tornaram-se muito usados. Entende-se por terapia de luz a utilização das mais variadas radiações, algumas das quais sem dúvida ainda estão sendo testadas. Além disso, dirigimos a atenção para o magnetismo, um método de cura baseado na utilização de éteres humanos. Por fim, conhecemos ainda os métodos psicológicos, que agem diretamente sobre a consciência humana e, por meio dela, sobre os órgãos afetados e suas estruturas.

Mencionamos ainda, como grupo especial, a assim chamada "cura espiritual". Tenta-se com ela auxiliar o doente ou curá-lo mediante sugestões religiosas, esotéricas ou ditadas por autoridades, e, às vezes, mediante influência direta da esfera refletora.

Tudo o que citamos até aqui é, sem exceção, dialético. Isso significa que todos os meios e métodos com os quais se quer ajudar o doente baseiam-se unicamente na matéria e na força do reino da natureza terrena. É indiferente tratar-se de recursos orgânicos, etéricos ou químicos, bem como a forma de ministrá-los, isto é, se isso acontece com auxílio de instrumentos ou diretamente por meio de uma pessoa. A natureza e tudo o que a ela pertence deseja manter-se e conservar-se na luta pela existência. Empregando grande força e surpreendente inteligência, ela está sempre à procura de novas possibilidades para enfrentar a crescente avalanche de forças que ameaçam a vida terrestre.

É uma corrida contra a morte, uma gigantesca luta que assume, cada vez mais, formas poderosas e excêntricas, uma luta cujo decurso e desfecho podem ser facilmente previstos. O potencial da inteligência humana é limitado, e o leque de possibilidades esgota-se. A capacidade de assimilação humana é restrita. O sonho comum a todas as eras, uma pessoa saudável que pudesse viver incólume nesta natureza, continua sendo um sonho.

A crise de nossa era é a hora dramática em que tudo terminará. A luta pela existência no mundo da dialética permanece, durante longo período, uma luta sem fases decisivas, na qual se alternam derrotas e vitórias.

No entanto, esse período sempre é seguido por uma superioridade bem nítida da parte ameaçante, quando então a humanidade ingressa na crise de uma revolução cósmica. O declínio crescente e irrefreável da humanidade pode ser atribuído inteiramente ao fato de o mundo e a humanidade serem acometidos por semelhante revolução cósmica.

Pelas causas e efeitos que descrevemos pormenorizadamente nos capítulos anteriores, estão ativas em nossa atmosfera, neste momento, forças que não se originam desta natureza e, por isso, não podem ligar-se a esta natureza. Da mesma forma, tais forças não podem proporcionar novas faculdades às criaturas da natureza dialética. Pelo contrário, essas forças cósmicas atuam de modo aniquilador e demolidor. A força atmosférica da qual falamos se encontra em todas as coisas e possui um poder penetrante. Ela não vem somente de cima, mas de baixo e de todos os lados. O alento cósmico a que nos referimos interpenetra tudo.

Doenças como o câncer estão estreitamente relacionadas com esse fenômeno. O signo zodiacal de Câncer dirige nossa atenção para uma força da lípica que domina as bases fundamentais de nossa existência dialética. A doença de Câncer ataca essas bases de maneira fundamental. Em consequência da elevada atividade das doze forças cósmicas e do obscurecimento que isso provoca nas doze forças planetárias, desenvolve-se no corpo humano um estado sanguíneo que ocasiona a formação de glóbulos sanguíneos diferentes e, com isso, à formação de estruturas celulares que se desviam muito do normal.

É conhecido que os órgãos e tecidos do corpo são constituídos por células, as quais são nutridas pelo sangue. Quando essas células não se alteram ocasionalmente ou de forma temporária, mas em seus fundamentos, surgindo dessa maneira um tecido totalmente modificado, que já não está sob o controle da força "Câncer" da lípica, então podemos falar da enfermidade do câncer.

Essa doença e muitas outras enfermidades do corpo humano, incluindo as ainda desconhecidas, estão relacionadas com essa aniquilação fundamental do microcosmo, sem o controle da lípica. Com toda a razão, pode-se falar aqui de claros indícios de uma revolução microcósmica.

A causa disso é a invasão do sistema por forças que não se originam de nossa natureza. As forças da lípica dominam o sistema físico por meio das glândulas endócrinas. Assim que um tecido estranho cresça num órgão ou numa parte do corpo, o tecido e o respectivo órgão escapam ao controle das glândulas endócrinas.

Se observamos à essa luz a terapia utilizada no combate ao câncer, podemos ter uma ideia de como esta luta é trágica e sem esperanças. Procura-se destruir o tecido contagiado e que se alastra, com o auxílio de radiações. Em breve, outros meios de cura serão experimentados, tais como injeções de hormônios, a fim de restaurar novamente o controle da lípica.

Em um futuro mais distante se tentará isolar as pessoas das radiações cósmicas, com o auxílio de alimentos medicinais, bem como de aparelhos e roupas impregnadas adequadamente. Ainda mais tarde, determinadas regiões da Terra serão declaradas contaminas mortalmente, devido à sua elevada suscetibilidade a essas radiações estranhas. A consequência será um despovoamento geral dessas regiões. A luta pela vida em si assumirá proporções gigantescas, porém nada poderá conter o colapso, já que a revolução cósmica atingirá todos os reinos da natureza.

Por que falamos convosco dessas coisas? Será que sentimos algum prazer sádico em fazer soar os sinos da morte de nossa existência? Impulsiona-nos a mania de causar sensação? De modo algum, pois os motivos são muito mais profundos.

O câncer em nosso corpo ou mesmo outras doenças, por exemplo, a neurastenia, uma forte nervosidade ou determinada afecção cardíaca, todas essas enfermidades demonstram a verdade da filosofia transfigurística. A reação corporal às doze forças cósmicas dirige a atenção para o fato de que a humanidade se encontra numa fase de demolição do templo em sentido negativo. E, enquanto a humanidade reagir negativamente às metas divinas, o sofrimento, a aflição e os padecimentos corporais acompanharão a agitada vida.

A única possibilidade de se escapar às tribulações dialéticas dessa poderosa revolução consiste numa transfiguração tríplice, ou seja, numa transfiguração fundamental, mística e estrutural.

Pelo renascimento *fundamental,* o aluno efetua uma ligação consciente com o Logos* cósmico duodécuplo; pelo renascimento *místico,* esse Logos apodera-se harmoniosamente do sistema do fogo serpentino; pelo renascimento *estrutural,* a construção do novo templo é realizada segundo as novas leis.

Então, a força Câncer já não significará a doença do câncer, mas a pedra angular de uma nova construção, a construção do Espírito Santo.

Compreendeis que o câncer que mina o corpo é, ao mesmo tempo, a prova de uma certeza eterna? Se quereis compreender Jesus Cristo, será colocada em vosso microcosmo a indestrutível pedra angular de uma nova construção: do edifício do Espírito Santo!

16

FRAGMENTOS DA *PISTIS SOPHIA*

Sentados juntos no Monte das Oliveiras, os discípulos conversavam com grande alegria e entusiasmo sobre as seguintes palavras: "Abençoados somos nós dentre todas as pessoas da terra porque o Salvador nos revelou isto e obtivemos a plenitude e toda a perfeição".

Esta citação é do segundo capítulo da *Pistis Sophia.*[12] Anteriormente já vos falamos sobre esse testemunho clássico e antigo, em que são descritos a luta, o caminho e a vitória da alma renascida que restabelece a ligação com o Espírito divino e, por isso, entra na sabedoria universal.

Queremos dedicar novamente algumas palavras à *Pistis Sophia,* para que possamos reconhecer, ainda mais claramente, a atuação divina em Cristo, pois o essencial para o aluno que quer seguir a senda é que ele consiga "endireitar o caminho" na verdadeira luz, em total harmonia com os mistérios universais. Existem, sem dúvida, muitos testemunhos clássicos da sabedoria que mostram os caminhos da libertação e iluminação da humanidade, mas quem lê a *Pistis Sophia* reconhece, de forma cada vez mais nítida, o que a filosofia transfigurística realmente deseja transmitir.

---

[12] Rijckenborgh, J. van. *Os mistérios gnósticos da Pistis Sophia.* Jarinu: Rosacruz, 2007.

A senda de regresso à pátria original é muito complicada, e, quando se deseja percorrê-la, é condição absoluta o conhecimento das muitas circunstâncias e a compreensão de uma série de fatores. É muito simples dizer que deveis retornar para o reino imutável. Porém, a realidade e a realização colocam o aluno diante de muitos problemas e mistérios, de maneira que se pode falar, com razão, de uma grande viagem. Quando nossa compreensão for suficientemente grande, iremos reconhecer como isso é verdadeiro.

A parte da onda de vida humana a que pertence a atual humanidade, decaída no estado dialético de matéria e energia, de personalidade e de condição anímica, percorreu um caminho longo quase incomensurável, passando por inúmeros estados de ser diferentes, até chegar ao nadir. Assim, também a senda de retorno terá de ser um longo caminho.

O início da senda, isto é, o primeiro toque pela Fraternidade Universal, é uma graça maravilhosa. Contudo, ireis compreender que somente então o essencial começa.

No capítulo anterior explicamos que o microcosmo deve passar por um renascimento tríplice:

1.º um renascimento segundo o Espírito — isto é, um novo nascimento do Espírito num microcosmo despojado do Espírito, portanto de um microcosmo afastado de Deus;
2.º um renascimento da alma — isto é, o nascimento de uma nova alma no sistema do fogo serpentino abandonado pela velha alma;
3.º finalmente, mediante esses dois renascimentos fundamentais, um renascimento da inteira personalidade, que é a construção de um novo templo no campo de vida microcósmico.

Quando o terceiro renascimento se torna realidade, então se cumpre o que é dito no Apocalipse de João, ou seja, que o templo de Deus se tornou parte do ser humano, pois, então, o microcosmo inteiro, inclusive a personalidade, tornou-se expressão da absoluta divindade.

Esse é o processo em sua íntegra, e certamente compreendeis que sua realização não pode ser medida pelo tempo. Por isso, fala-se de uma tarefa para a eternidade. Em virtude desse processo de libertação ter um início tão elevado e acima do espaço e do tempo, diz-se que a eternidade irrompeu no tempo. Tão logo o aluno tenha ingressado no caminho em espiral da eternidade e nele prossiga continuamente, já não falamos de tempo, mas vemos o caminho do regresso em toda a sua extensão e em sua complexa realidade.

Sobre essa senda queremos falar-vos, na condição de peregrinos para a eternidade. Quem compreende isso dentro dos limites do tempo, da dialética e da matéria complexa, já não vê nenhuma saída. Ele torna-se nervoso e finalmente alienado pelas muitas alucinações e obsessões que o afligem. Esse também é o motivo por que muitos consideram a senda da libertação tão difícil e impraticável, e acabam voltando-se para si mesmos novamente, para a autoafirmação. Não há como ignorar os sinais dessas lastimáveis experiências. Procura-se seguir sempre o caminho da menor resistência, essa é uma característica tipicamente dialética.

A luz, a iluminação, vos é ofertada gratuitamente, conforme é dito na Bíblia. Isto quer dizer que a bem-aventurança vos será ofertada assim que deixardes de viver como um ser humano dialético e quando o núcleo da consciência dialética houver desaparecido do sistema do fogo serpentino.

Enquanto isso não acontecer, além de os mistérios da luz permanecerem na obscuridade para vós, também existirá o perigo de vos fechardes definitivamente à grande obra de salvação em Cristo. Assim, já deveis estar enobrecidos até certo grau para que possais seguir a Pistis Sophia em sua gloriosa viagem para o reino da luz de Deus.

Quem se aproximar desse mistério como ser desta natureza ou como tal quiser agarrá-lo, colherá desgosto e demência, como o expressa a *Fama Fraternitatis.* Portanto, o que a Escola Espiritual da Rosacruz tem a dizer é destinado unicamente para o peregrino na eternidade, que está consciente de nada ser e que, assim nesse nada, recebe "Isso", isto é, recebe o Tao. Por isso, falamos a linguagem da eternidade, e queira Deus que também possais compreender essa linguagem.

Falamos convosco sobre o renascimento segundo o Espírito. Quando o microcosmo é novamente tocado pelo Espírito de Deus, uma grande e intensa luz acende para o aluno, uma luz que preenche todo o seu ser. O novo sol que se eleva no céu tem sua origem na Luz das Luzes e irradia com intensa força-luz, de claridade excepcional, de maneira que não se pode mensurar a luz que a ela está ligada. Esta é a força-luz que desce sobre Jesus. A *Pistis Sophia* descreve-a da seguinte maneira, no capítulo 4:

Enquanto eles, em conjunto, assim falavam e oravam, os céus se abriram na nona hora do dia seguinte, e eles viram Jesus descer, extremamente radiante, e era extraordinária a luz em que ele se achava. Porquanto resplandecia ainda mais do que na hora em que fora elevado, de tal modo que os habitantes da terra não conseguiam abarcar a luz que nele estava.

Ela emitia raios de luz em profusão, e seu brilho era imensurável. Essa luz não era uniforme, mas heterogênea em tipo e natureza, sendo que uns raios eram infinitamente mais luminosos do que outros. Em sua totalidade, a luz consistia em três tipos, cada um infinitamente mais resplandecente que o anterior. O segundo, o do meio, era mais excelente que o primeiro, o mais inferior. O terceiro, o mais elevado dos três, era mais perfeito do que os outros dois.

Quando a *Pistis Sophia* fala da "luz", ela se refere a uma iluminação pelo Espírito e no Espírito, pois somente esta é a luz o que contém em si sabedoria e força. Essa luz é uma realidade ilimitada, eterna. A luz dialética, ao contrário, em essência é o produto da atividade dos éteres. Quando acendeis uma luz numa sala escura, essa luz não vos dará nenhuma sabedoria, e, no melhor dos casos, apenas podeis distinguir melhor o ambiente iluminado. Já a "iluminação no Espírito" significa a aurora de um novo dia de manifestação que jamais terá fim. Jacob Boehme denomina essa iluminação "Aurora", a aurora nascente.

A *Pistis Sophia* fala da luz que nasce no Oriente. Assim que essa luz toca o firmamento do aluno, ele é envolto em novo manto, em nova veste. Ele alegra-se e rejubila, porque seu tempo se cumpriu, porque se sabe envolto em uma veste que, desde o início, já lhe estava preparada e que ele havia abandonado no último mistério até o tempo de sua consumação.

O ser humano que traja essa veste se reconhece como servo consciente nos mistérios da vida da humanidade, por ter recebido a consciência de todo o conhecimento do céu e da terra. Mas, para isso, primeiro é preciso que o sol da radiação do Espírito Santo tenha nascido no Oriente de seu microcosmo. Esse novo manto, essa nova veste, é a mesma à qual se refere o Apocalipse, quando fala das "vestes brancas".

"E sucedeu, quando o sol despontou no Oriente, que uma grande força luminosa desceu de onde se encontrava minha veste", diz-nos a *Pistis Sophia* (capítulo 10). Assim é indicada uma radiação totalmente nova que não se origina desta natureza, e cujas dádivas vibram em todo o campo microcósmico. É a nova veste, amplamente radiante, que agora envolve a personalidade. Trajando essa magnífica veste, o ser humano inicia os grandes mistérios.

Nesse esplêndido manto estão inscritos um novo nome, bem como sinais singulares e forças. É o próprio Deus que se revela na carne. O nome é o princípio e o fim. Encontrareis o nome gravado na veste quando o princípio e o fim forem parte vossa. Todos os laços que até então prendiam o aluno são eliminados, a fim de que ele assim vivencie a saída completa e a ascensão completa. Assim que a nova veste tenha sido colocada sobre tal aluno, como o manto de Elias, ele se torna poderoso. As forças do inferno já não conseguirão dominá-lo.

Todos os seres humanos possuíam essa veste no início, porém ela lhes foi tirada. Sem essa veste, o aluno não pode trabalhar verdadeiramente, não pode ser um francomaçom. Quando o aluno está pronto para a hora de sua morte endurística, essa veste lhe é enviada, a fim de possibilitar-lhe o caminho de retorno. Então surge o momento em que o novo sol nasce no Oriente, como uma efusão do Espírito Santo.

Contudo, compreendereis que, para isso, o sol desta natureza, que dava vitalidade à velha vida, o sol do ser-eu, deve ter-se posto para sempre no Ocidente.

Quando o Espírito renascido tiver retornado ao microcosmo, inicia-se o mistério da luz, o mistério da salvação, mas, ao mesmo tempo, o mistério da luta, pois no sistema microcósmico humano se encontram todas as fontes de forças da natureza terrena. São as forças no microcosmo que conduzem e sugerem o que se evidencia na personalidade, o que a personalidade confirma. Se o aluno-maçom quiser construir um novo templo, ele apenas poderá empreender a obra depois que o Espírito houver purificado o microcosmo. A *Pistis Sophia* designa isto como o aniquilamento da força-luz dos éons pelo Espírito, pela Luz. Contudo, esse aniquilamento é realizado de maneira processual.

No entanto, de modo algum deveis pensar que isso acontece fora da inteligência-alma da personalidade e independentemente dela. Ao contrário, o surgimento do novo Espírito e o avanço no processo de salvação pelo Espírito correspondem plenamente aos esforços da alma. Por isso, lemos na *Pistis Sophia* que os éons são roubados de um terço de sua força-luz. Isto significa que é posta à disposição do aluno uma força espiritual ilimitada que, com base na lei da vida superior, o capacita a atuar diretamente nas regiões pecaminosas desta natureza. O aluno somente pode utilizar essa força do Espírito no intuito impessoal de promover a endura, o processo de morte de seu próprio ser, ou incentivar o processo endurístico em outros.

Tão logo a Luz das Luzes tenha nascido para nós no Oriente, essa veste-de-luz ataca todas as forças da lípica, roubando-lhes uma parte de suas forças. De forma concomitante ao enfraquecimento da velha lípica, a nova lípica que surgiu, por meio do nascimento do novo sol, torna-se cada vez mais forte. Vemos, assim, que um novo céu e uma nova terra se aproximam mais e mais, enquanto o que é antigo desvanece. Então, a nova Jerusalém desce do céu, conforme lemos no Apocalipse.

À medida que a nova lípica fizer valer sua influência no microcosmo, é claro que serão sentidos efeitos completamente opostos a esta natureza. Enquanto o aluno ainda existir na matéria, ele possuirá duas lípicas: uma que é da natureza e uma gerada pelo Espírito. A *Pistis Sophia* distingue-as claramente, quando fala de influências voltadas para a direita e para a esquerda. No capítulo 15, é dito:

Ao lutarem contra a luz, esgotou-se toda a sua força conjunta. Caíram nos éons inferiores e ficaram mortos e sem alento vital como os habitantes da terra.

Tomei de todos eles um terço de sua força para que não prosseguissem em sua maldade e não conseguissem fazer suas más ações quando os homens da terra clamassem por eles em seus mistérios, ou seja, os mistérios trazidos para a terra pelos anjos que cometeram pecado, portanto, sua magia.

Inverti o destino e a esfera na qual reinavam e fiz que exercessem suas influências astrais seis meses voltados para a esquerda e seis meses voltados para a direita. No entanto, por ordem do Primeiro Mandamento e por ordem do Primeiro Mistério, Jeú, o Guardião da Luz, interveio de tal modo que eles passaram a olhar sempre para a esquerda e exercendo suas influências astrais.

As forças da "senda da esquerda" são as forças desta natureza, que são indicadas pelo horóscopo terreno. As forças da "senda da direita" influenciam os bem-aventurados, os que são iniciados nos mistérios divinos, aqueles cuja realidade de ser está dirigida completamente para o reino dos céus. Talvez reconheçais que o aluno, mesmo em seu estado de consciência dialética, deva colaborar plenamente na negação da antiga lípica e, ao mesmo tempo, abrir-se amplamente para a nova lípica.

Neste contexto, a força encontrada no profeta Isaías, numa alegoria espiritual em sua "visão sobre o Egito", dizia o seguinte: "Onde estão, ó egípcios, vossos magos, e astrólogos, e os que clamam da terra, e os que clamam de seu regaço?" (*Pistis Sophia,* capítulo 18).

Pode-se tirar disso tudo conclusões significativas, pois sabeis que existe não somente um microcosmo, mas também um macrocosmo. Não se trata apenas de uma revolução microcósmica, mas também macrocósmica.

Nosso mundo encontra-se agora nessa revolução e está sendo atacado pelo Espírito. Em Cristo, o manto do Espírito também foi estendido sobre esse caos, tornando-se assim uma realidade cósmica. Por isso, as luzes da lípica macrocósmica também serão apagadas e roubadas inicialmente de um terço de suas forças. Eis o motivo pelo qual muitas vezes as coisas no mundo acontecem de forma bem diferente do que previram os adivinhos. Chegará o tempo em que será totalmente impossível predizer-se algo, e um dia todos nós poderemos repetir literalmente: "Onde estão vossos sábios?"

Assim, pode ser que, ao investigares a lípica da natureza em vossa própria vida, verifiqueis que essas forças enfraqueceram consideravelmente. Então agradecei ao Senhor de Toda a Vida e aproveitai as consequências desse fenômeno. Sobretudo não vos agarreis àquilo que deve ser aniquilado. Não resistais ao Espírito!

A verdade de nossa exposição provavelmente vos será comprovada por meio de experiências de vida inusitadas. Com isto nos referimos à vossa experiência como aluno da Escola da Rosacruz e à vossa participação no campo de força da Escola.

Quando vos tornais alunos desta Escola, participais também do Espírito desta Escola. Desde o início, a graça estará presente em vossa vida. As forças de vossa lípica natural são amortecidas por meio da luz do Espírito da Escola e, assim, recebeis a graça do Espírito, apesar de ainda não possuirdes esse Espírito. Contudo, compreendereis que essa graça poderá ser-vos retirada, se for empregada para fins dialéticos. Por isso, dizemo-vos: a luz estará permanentemente convosco enquanto não quiserdes permanecer um ser humano dialético.

Estando na luz e envoltos no manto da Escola Espiritual, rogamos por vós: que em breve possa a luz nascer no Oriente para vós. E, tão logo esse sol comece a brilhar, segui sua luz!

17

E o Verbo se fez carne

A mensagem da luz divina, que se dirige a toda a humanidade e é irradiada para o mundo por volta da época do Natal, a fim de que todos possam percebê-la, é esta: a todos que recebem o Verbo, a Luz, é dado o poder de se tornarem filhos de Deus. Não há chamado mais magnífico e poderoso que possa ser dirigido ao ser humano, pois é uma boa-nova que não admite interpretação dupla. É também esse o chamado que vos transmitimos. Ninguém precisa considerar-se excluído dele, e ninguém pode dizer: "Esse convite não é dirigido a mim".

A todos que recebem o Verbo é dado o poder. É essa promessa ilimitada e absoluta que sempre de novo nos encoraja a repetir, de diversos modos, a mensagem divina para vós. O caminho para a Luz não é impossível para ninguém, porém, quando falamos sobre essa senda, a única senda que leva à total libertação, sentimos frequentemente como se vos tivéssemos feito uma ofensa. Quando observamos vossa tensão nervosa, vosso olhar muitas vezes tão repreensivo, vossa oposição interna, sim, até mesmo vossa resistência positiva, quando nosso trabalho frequentemente se assemelha a uma luta convosco, então nos perguntamos: o que fizemos? Por meio de que constrangimento vos persuadimos? E sempre se evidencia que outra coisa não fizemos senão transmitir-vos com palavras enfáticas a mensagem da salvação: a todos que recebem o Verbo é dado o poder de se tornarem filhos de Deus.

As doenças nervosas e mentais aumentam assustadoramente no mundo, de hora em hora. A irritabilidade e o nervosismo das pessoas são tão grandes que mesmo a muito concreta mensagem da salvação evangélica pode ser motivo de elevada predisposição para o irromper de uma doença mental. Pode-se usar, naturalmente, a promessa divina como um bálsamo místico aplicado abundantemente, mas, depois de certo tempo, um bálsamo dessa espécie já não pode fechar as feridas da alma e do ser. A humanidade toda do Ocidente atingiu os limites extremos da capacidade de reação de seu sistema nervoso. Pelo menor motivo podem queimar-se os fusíveis e surgir uma crise. Esses exemplos são uma ilustração dos sintomas típicos de uma revolução cósmica, a respeito da qual vos instruímos. A situação ainda se tornará muito mais séria, de maneira que poderemos perguntar: quem ainda é normal?

É possível que também nos círculos de nossa Escola surjam muitas vítimas, porque já nenhum bálsamo místico e esotérico pode ajudar. Encontrai-vos num estado em que o único meio de salvação é um irrompimento positivo. Em consequência de vossa permanência no campo de força da Escola, adiantaste-vos, em certa medida, ao homem da massa. Não no sentido de libertação, mas porque avançastes até o limite das possibilidades dialéticas. Desse modo, tornaste-vos um habitante da fronteira. Nada mais do que vos dissermos poderá acalmar-vos. Cremos que um equilíbrio natural já não é possível. Nenhum narcótico é capaz de trazer-vos alívio. Por todos os lados estais presos por altos muros e apenas vos resta serdes sufocados ou irromper através deles. O sufocar é a consequência da falta de atmosfera vital. Significa declínio sem saída; entretanto também o rompimento dos muros é uma questão dolorosa, um processo extremamente aflitivo, porém um processo que traz, para a alma oprimida, liberdade, luz e amor. Assim, somos colocados ante a escolha: a dor do naufrágio ou a dor do processo de salvação.

O homem ocidental supôs durante séculos, em sua ilusão superior, que o cristianismo e a matéria, isto é, a vida superior e a vida inferior, poderiam ser unidas. Agora, porém, essa ilusão se desfaz em pó, em nada, diante do desmoronar dos muros. Enquanto era possível, ignorou-se a verdade, tanto consciente quanto inconscientemente. Agora, a crise do naufrágio está próxima. A estreiteza dos muros se faz sentir dolorosamente em toda a nossa vida.

Assim, é possível que, em vosso sofrimento e em vossa busca febril, ireis descobrir que tereis de trocar vosso tormento por outro sofrimento, ou seja, pela dor do rompimento que promete a cura. Na realidade, a terapia cristã é um método que contraria os desejos e interesses próprios. Sem esse processo doloroso, o rompimento não pode ocorrer.

Entre vós e a nova vida em liberdade corre um rio. Esse rio é, em todos os sentidos, um rio da morte, e vós tereis de transpô-lo. Não é sem motivo que os antigos falavam do Estige,[13] o rio da morte, que veda ao peregrino o acesso à Arcádia, à terra da felicidade. Por isso, quando na Bíblia soa a mensagem da libertação: a todos que recebem o Verbo é dado o poder de se tornarem filhos de Deus, deveis então compreender que, primeiro, tereis de atravessar vosso Estige, se quiserdes responder ao chamado e atingir a Arcádia.

O Estige é o símbolo dos muros que vos impedem a passagem. Quer se fale do Estige, quer do Jordão, o significado é o mesmo. Falamos para vós, e essa é nossa missão, sobre os meios e os caminhos pelos quais podereis atingir a outra margem do rio. Discorremos sobre o barqueiro clássico que terá de transpor-vos e da dívida que tendes com ele. Podeis reconhecer que esse diálogo é muito mais útil e amoroso do que falar de "paz" e "nenhum perigo" e narcotizar-vos com misticismo?

[13] Na mitologia grega, o rio que separava o mundo dos vivos e o mundo dos mortos, o Hades (N.T.).

A todos que recebem o Verbo é dado o poder de se tornarem filhos de Deus. Como acontece esse recebimento? Como é concedido esse poder? O prólogo do Evangelho de João não nos deixa na incerteza no que se refere a essas questões:

"[...] *aos que creem em seu nome,*
os quais não nasceram do sangue,
nem da vontade da carne,
nem da vontade do homem,
mas de Deus".

Portanto, tereis de satisfazer cinco condições para poder atravessar o Estige. Em primeiro lugar, deveis "crer em seu nome". Naturalmente não deveis tomar isso de forma literal, ainda que inúmeros o façam, razão pela qual a dor da asfixia não os deixará. Alguns afirmam que em cada nome se encontra uma força mágica e que cabalisticamente seria possível liberar essa força e utilizá-la para fins próprios. Experimentai isso, então! Liberai a força mágica do nome "Jesus Cristo" e experimentai se essa força pode ajudar-vos. Infelizmente, a dor da asfixia não vos abandonará.

"Conhecer um nome" no sentido da Escritura Sagrada significa, segundo nossa opinião, ver e penetrar o significado, o alcance, a altura, a largura e a profundidade de uma realidade de ser em sua totalidade. "Conhecer seu nome" quer dizer: a compreensão do sentido da nova vida, do reino imutável. "Crer nessa realidade" nunca poderá significar a obtenção de discernimento por meio do conhecimento provindo de livros e publicações, ou por ouvir sermões e leituras, ou por confiar em qualquer sugestão subconsciente. "Crer" significa aqui uma ligação consciente entre vós e a nova vida, a realidade eterna. Isso é um vislumbre de luz que irrompe através dos muros. Esse mero vislumbre de luz já fará desaparecer a dor da asfixia e vos fará sentir a dor da fome de luz, a qual já pode ser vista, mas ainda não foi alcançada.

Para poder irromper definitivamente através dos muros, não deveis mais ser "nascidos do sangue". Contudo, o sangue de inúmeros antepassados fala em cada célula de vosso ser. Estais aprisionados no sangue e pelo sangue. Enquanto esse sangue ainda falar em vós e disso dardes testemunho em cada pensamento, em cada sentimento, em cada ação, a dor da asfixia não pode desaparecer de vós, e a dor da natureza estará ao vosso redor.

O sangue é o rio da morte! O sangue é o Estige. Tendes de romper a garra do sangue até os mínimos detalhes. Quando a voz do sangue tiver desaparecido, até mesmo seus sussurros, descobrireis que rachaduras começam a aparecer nos muros. A luz da Arcádia, a terra da felicidade, penetra mais intensamente para o interior. Ao lado da dor da fome, sentireis também a dor do toque, como um golpe de espada, a queimadura da nova vida. Então, experimentareis, na dor, a verdade das palavras: "Não vim trazer paz, mas espada".

Para poder irromper definitivamente através dos muros e acabar com a dor da asfixia, não deveis mais ser nascidos "da vontade da carne". Vosso impulso de vontade já foi silenciado? Quando os muros vos oprimiam e em vós e a vosso redor se acumulavam diversos conflitos, não utilizastes, inúmeras vezes, vossa vontade, a inteira dinâmica de vossa vontade, a fim de afastar a ameaça?

Porém, não tivestes êxito! Somente mudastes o centro de gravidade e trocastes uma dificuldade por outra. Apesar do emprego de toda a vossa força de vontade, da totalidade de vossa faculdade mágica, o barqueiro do Estige não pode transpor-vos. Desse modo, o prólogo do Evangelho de João despedaça vossa ilusão de que o sangue purificado possa conquistar a Arcádia, bem como de que a faculdade mágica nascida da vontade da natureza possa demolir os muros.

Permanece ainda a última ilusão, ou seja, a ilusão da salvação por meio da vontade do homem. Quando a dor da incapacidade se junta ao tormento da saudade e à dor do toque, tereis ainda de experimentar a dor do desespero. A expressão "nascidos da vontade do homem" dirige nossa atenção para o ir e vir das gerações, para a conservação da raça, para os giros da roda, para a morte e para a reencarnação.

Muitos ainda acreditam que os giros da roda correspondem às voltas de uma espiral. Mistificação maior não é possível. Esse é um ponto muito difícil, pois no momento não podeis considerar como comprovado que a evolução de uma vida para outra é uma ilusão. Quando pudermos auxiliar-vos a superar essa mistificação e conscientizar-vos da dor da desesperança, então teremos avançado bastante.

Pensai em Buda. Por que ele empreendeu tão desesperadas tentativas para livrar-se da roda, da vontade do homem e do nascimento terreno? Porque o caminho de uma vida para a outra não é em espiral, mas em círculo.

Pensai em Jesus Cristo. Por que ele rejeitaria esta natureza tão categoricamente se houvesse salvação no nascimento mediante a vontade do homem? Porque, quando nos entregamos a este engano, a dor da asfixia permanece. Quem reconhece essa ilusão padece a dor da desesperança, a dor do desejo ardente, a dor do toque, a dor da incapacidade, as quatro dores que despedaçam vossa ilusão.

Quando o total "nada", o perfeito "não ser", tiver nascido por meio das dores, então vós, cercados por vossos muros, sereis despedaçados, esvaziados e purificados para a luz salvadora. Esse é o significado das palavras: "a todos que recebem o Verbo é dado o poder de se tornarem filhos de Deus". Esse receber, esse assimilar, apenas pode-se realizar no ser esvaziado. Somente então o aluno pode "nascer de Deus". "Nascer de Deus" significa ser tocado pelo espírito do amor, o Espírito Santo, que preenche com seu fulgor o sistema preparado. Nascer de Deus significa a demolição do velho sistema e a edificação do ser original. Nascer de Deus é o Verbo fazer-se carne!

Essa mensagem, essa boa-nova da salvação, sempre de novo a traremos para vós: a transfiguração por meio das quatro dores do declínio da natureza. Como alunos da Rosa-Cruz, denominamos esse processo "declinar em Jesus, o Senhor". Quem assim está disposto a declinar irrompe através dos muros e renasce pelo Espírito Santo. Semelhante peregrino encontrará o barqueiro, que o transportará através do rio da morte. Nada poderá detê-lo. Com segurança infalível, o condutor o levará para a vida luminosa da Arcádia.

Permita Deus que possais reconhecer o espírito do campo de força da Escola Espiritual. Escolhei entre a dor da asfixia e a dor de um novo nascimento, pois mesmo que Cristo nascesse mil vezes em Belém e não em vós, estaríeis perdidos.

18

Passagem de ano

Para o aluno no Átrio da Escola Espiritual é importante refletir sobre o ciclo anual. Não é preciso que o faça no último dia do ano, pois no decorrer dele existem muitos momentos nos quais o aluno se sente impelido a refletir sobre o passado, bem como sobre o futuro.

Quando nessas reflexões nos desligamos dos hábitos burgueses e das comoções singelas, então a passagem de ano adquire um sentido diferente e mais profundo para nós. Do ponto de vista cósmico, não é realmente assim que após cerca de 365 dias retornamos ao ponto de partida? E do ponto de vista microcósmico, não fazemos uma viagem ao longo de nossa própria lípica no decorrer de 365 dias para, depois de completar esse ciclo, estabelecer novamente o mesmo ângulo incidente da luz de nosso próprio ser, tal como há um ano?

Desse ponto de vista se torna claro que, em cada dia, completamos um ciclo de 365 dias, e assim, a cada dia, inicia-se para o aluno um novo ciclo. Por isso existe na Bíblia uma palavra válida para todo aluno: "Um dia te dei para cada ano".[14]

Essas palavras não se referem aos valores fundamentais do horóscopo progredido, como acreditam muitos, mas significa que

[14]Ezequiel 4:6.

cada dia deve ser vivido como um ano inteiro, como uma realidade inteligente e vibrante. O aluno deve dominar o tempo. Ele deve libertar-se do tempo. Não deve esforçar-se nem para tentar acelerar-lhe o curso nem para alterar-lhe as características. Ele deve libertar-se do tempo e precisa deixar a eternidade triunfar sobre o tempo.

Essa é uma tarefa tão poderosa, abrangente, mágica e transfigurística que, em relação a isso, toda e qualquer ocupação com progressões astrológicas parece uma simples brincadeira pueril, um sucedâneo objetável e sem sucesso.

"Um dia te dei para cada ano." Que fazeis em todos os dias de cada ano? Não tentais em cada dia do ano chegar a um equilíbrio com a natureza do tempo?

Muitas pessoas ainda se encontram, consciente ou inconscientemente, nos degraus da velha magia caldaico-persa que foi orientada exclusivamente para a astrologia. O que é a astrologia em seu mais profundo sentido senão um compromisso com o tempo? A astrologia é a ciência que procura uma resposta sobre as ondas de radiação da lípica. E a lípica forma as muralhas do tempo, a lípica é a teia do destino, em cujos fios emaranhados estamos presos.

Devido ao medo do inevitável, muitas pessoas procuram influenciar o curso do tempo, atrasá-lo ou acelerá-lo, a fim de dirigir suas esperanças para algo determinado. Encontramos em todas as pessoas esse duplo impulso, tal como o esforço para corrigir certas situações ou o curso dos desenvolvimentos.

Contudo, é indiferente se na rede do destino reagimos espontaneamente, de acordo com nossa natureza, ou se nosso proceder é orientado por determinados métodos científicos. Sempre se comprova que todos os seres humanos desta natureza são, em seu íntimo, astrólogos. Assim, descobrimos que o habitual modo de ver do ser humano durante milênios somente mudou de nome, mas, em sua essência, continuou sendo exatamente o mesmo. Ao verdadeiro Espírito, todos esses milênios de luta dialética são como um dia.

"Um dia te dei para cada ano." Manifestais-vos no mundo do tempo. Já contemplastes, com base num impulso espiritual, todos esses anos e toda esta vida no prato da balança de um único dia? Um ano é um ciclo, no melhor dos casos, com alguns apogeus e naturalmente com reveses. Para o Espírito, mil desses movimentos no círculo são totalmente iguais. "Para o Senhor, mil anos são como um dia." Não é possível notar-se nisso um mínimo de progresso, mesmo que considereis o futuro por meio de progressões. Tudo o que virá já existiu nos anos que precederam... e tudo isso é tão cansativo.

Assim como um animal no zoológico sobe e desce os degraus da escada de sua jaula, assim corremos nas escadas de nossa teia de aranha, da periferia para o centro e do centro, novamente, para a periferia. Subimos uma escada com muito cuidado e espiamos ao redor, extremamente cautelosos, porém isso não faz sentido. Subimos outra escada numa velocidade vertiginosa, o que também não tem razão de ser. Subimos uma terceira escada como pessoas religiosas, com tudo o que a isso diz respeito. Também isso não leva a nada. Os fios entrelaçados nos enredam. Subimos uma quarta escada com a habilidade adquirida por algum treino científico. E que significado tem isso? Que utilidade? Para o Senhor, mil anos são como um dia, e um dia se iguala ao outro.

"Um dia te dei para cada ano." Somente quando o aluno coloca essa realidade diante dos olhos, mesmo que seja apenas por alguns dias, e disso se torna consciente, existirá a probabilidade de ele festejar a "véspera do ano-novo".

Não tem importância se passais esse dia como pessoa profundamente religiosa, com o propósito de que no próximo ano tudo deva tornar-se melhor. Tampouco traz proveito se tomais essa decisão por qualquer outro motivo. Sempre ficareis sobre uma dessas escadas que levam para o mesmo ponto central dialético.

A véspera do ano-novo somente recebe seu verdadeiro e mais profundo sentido quando significa a despedida definitiva da teia de aranha, do ser do tempo. Contudo, apenas festejais essa despedida uma única vez. E essa única vez é suficiente.

O ser humano desta natureza festeja o fim do ano velho e o início do ano novo após os 365 dias do ano, mas isso é uma ilusão. Vedes e ouvis que alarido os homens fazem na passagem do ano "velho" para o "novo". Fundamentalmente, nada há de velho nem tampouco de novo. Tudo é sempre a mesma coisa. E tudo permanece igual.

No coração da teia se encontra a grande aranha escarlate. É indiferente como e onde vos encontrais ou estais presos nela. Se sois religiosos, ocultistas, materialistas ou humanitaristas, a aranha saberá encontrar-vos. Quando então o relógio bate meia-noite, subimos novamente a escada, como o animal em sua jaula, e nos desejamos boa viagem com muita "felicidade e bênçãos"; porém, se não seguirdes a viagem, nada se modificará.

Contudo, não podeis ficar em casa. Há contínua movimentação em nosso campo de vida. Temos de seguir adiante até o último suspiro... e, depois desse último suspiro, começamos novamente com o primeiro suspiro. A aranha escarlate, o sol da lípica dialética, determina nossos caminhos.

"Um dia te dei para cada ano." Em cada dia de cada ano podeis festejar a verdadeira véspera do ano-novo, quando tomais a resolução de seguir a senda da transfiguração.

A aranha escarlate e suas servas farão inúmeras tentativas para manter-vos presos à teia, mas, se estiverdes firmemente decididos, não o conseguirão. Então, podeis verdadeiramente rejubilar-vos: "as coisas antigas já passaram, eis que tudo se fez novo".

Examinemos mais de perto a ideia "decidir-se pelo transfigurismo". As pessoas decidem-se por alguma atividade, associação ou filiação. Uma diz: "Eu sou católica", outra: "Eu sou aluno do

Lectorium Rosicrucianum", uma terceira: "Eu não sou nada". O mundo conhece inúmeros tipos de credos, aos quais os seres humanos pertencem por neles terem nascido ou porque deles se tornaram membros; no entanto, observai bem que jamais vos podeis tornar "membro" ou "aluno" da Escola Espiritual pelo interesse em um estudo. "Decidir-se pelo transfigurismo" significa uma mudança de ações, um ingresso numa vida de ações diretas, vivas e vibrantes.

Todos os seres humanos são algo ou pertencem a algo. Em todas as partes do mundo surgem torres de igrejas e casas de orações em notável variedade, como cogumelos, e assim sempre foi. Haveria alguma diferença se não estivessem presentes? Para a aranha escarlate há alguma diferença se elas existem ou não?

"Um dia te dei para cada ano." Na noite da véspera de Páscoa, Cristão Rosa-Cruz estava sentado em sua cabana. Era sua véspera de ano-novo. Quando recebeu o convite da mensageira e tomou conhecimento de seu conteúdo, ficou muito consternado. Tudo era completamente diferente do que tinha imaginado, e ele compreendeu: "Se eu aceitar esse convite, terei de queimar todos os navios atrás de mim".

Isso é muito antinatural. Talvez se proceda assim em sentido material, mas uma decisão, um passo tal como exige o transfigurismo, precisa ser absoluto e definitivo. Tal passo também não pode ser somente experimentado, pois o experimentar é uma tentativa egocêntrica. No "experimentar" o eu espreita escondido de um canto: "Se não der certo, sempre posso voltar a ser artista de trapézio na teia da aranha".

"Um dia te dei para cada ano." Certamente é de vosso conhecimento que cada órgão, cada objeto, cada corpo é constituído de células vivas. Cada célula, por si mesma, é um mundo com um núcleo, um campo de vida e uma lípica. Juntamente com outras células, com outros sistemas viventes, a célula forma um objeto, um órgão, um corpo. Enquanto essa célula corresponde à sua natureza e enquanto as demais células agem da mesma maneira, cada órgão e cada corpo subsistem.

Vosso microcosmo é uma célula com um núcleo, o qual é vossa personalidade, com um campo de vida e uma lípica. Junto com todos os outros microcosmos do mesmo tipo, eles formam o monstro da ordem mundial dialética, o grande corpo multiforme desta natureza. No coração desse grande corpo tremula a aranha escarlate, o deus desta natureza, o "príncipe deste mundo",* conforme é dito na Bíblia.

Um corpo vivo possui muitos órgãos diferentes, cada qual com sua própria estrutura celular. As células desses vários órgãos certamente não são iguais, mas não há diferenças fundamentais e essenciais; trata-se apenas de matizes. O ser monstruoso de vossa natureza apresenta os mesmos matizes. E com isso se diz tudo.

Já ouvistes falar a respeito da ciência nuclear. Nessa ciência, com o emprego de uma poderosa energia, modifica-se a qualidade fundamental de determinadas células, tendo como consequência uma terrível explosão. Tendes aqui, por mais incrível que possa parecer, a imitação do transfigurismo pela ciência dialética.

Essa imitação, como é compreensível, trará grande catástrofe para os mantenedores desta ordem de natureza. Sempre que usada de maneira generalizada, a fissão nuclear modifica o caráter do grande corpo, o mundo. Assim, a própria humanidade realiza uma revolução cósmica. A teia da aranha escarlate é rompida.

Vosso microcosmo representa uma célula no grande e complicado organismo da aranha escarlate. Não somente estais e vos debateis na teia, porém vós mesmos sois parte dela. Desejais, ainda assim, festejar a véspera do ano-novo? Não é isso motivo para dar risadas?

"Um dia te dei para cada ano." Consideremos agora os princípios da fissão nuclear. Mediante o uso de grande energia, fissiona-se um átomo, o que ocasiona a liberação de uma energia ainda maior, que pode ser utilizada de maneira inteligente. Esse processo antinatural encontra-se ao alcance desta natureza. Em outras palavras, cada microcosmo vivo, como parte integrante da teia de aranha, traz em si a possibilidade para libertar-se de sua prisão. Não por meio do misticismo ou do ocultismo, mas por meio do transfigurismo, que é um processo muito dinâmico e explosivo. É uma libertação que terá de ser realizada em "temor e tremor".

Em primeiro lugar, é preciso que o microcosmo reflita sobre a natureza e a essência do processo de libertação ao qual deve submeter-se. Em seguida, o aluno prepara-se para o processo. Logo que o tempo da reflexão e da preparação tenham terminado, chega o momento em que a grande força pode iniciar exteriormente a divisão das células.

Denominamos essa grande força transformadora e transmutadora de força da Fraternidade Universal. A Bíblia fala da força de Deus em Jesus por meio do Espírito Santo ou simplesmente de Espírito Santo. É o Espírito Santo, em cooperação com o próprio microcosmo, que modifica completamente a qualidade e a natureza do microcosmo e lhe confere uma força nova própria, que pode ser utilizada inteligentemente. A decisão de seguir essa senda assinala a véspera do ano-novo do aluno. Os primeiros passos *nessa* senda lhe descerram o novo.

"Um dia te dei para cada ano." A cada dia podeis começar a celebrar vossa despedida. Podeis utilizar cada dia para verdadeiramente começar de novo. A cada dia podeis libertar-vos das garras da morte escarlate.

A todos os que aceitam o grande Libertador, o Espírito Santo, ele lhes dá poder de realizar a grande transformação microcósmica.

Nesse sentido, desejamo-vos uma abençoada passagem de ano: do velho para o Novo, mediante uma grande revolução!

Biografia dos autores

Jan van Rijckenborgh (1896–1968)

Foi em Haarlem, Holanda, em 1896, numa família de orientação cristã, que nasceu Jan Leene, que adotou mais tarde o nome de J. van Rijckenborgh. Em 1924, com seu irmão Zwier Willem Leene, assentou as primeiras bases para uma verdadeira comunidade espiritual de libertação para a nova era: a *Casa Sancti Spiritus.*

Durante a Segunda Guerra Mundial, de 1940 a 1945, quando a Escola da Rosacruz foi fechada pelas forças de ocupação e seu trabalho foi proibido, ele se aprofundou no *Corpus hermeticum,* nos escritos dos maniqueus e dos gnósticos, e na história dos cátaros. Os diversos ensinamentos desses escritos por ele encontrados levaram-no de volta à linguagem velada e simbólica dos manifestos rosa-cruzes.

Em 1956, no sul da França, ele encontrou, juntamente com Catharose de Petri, o senhor A. Gadal, o guardião do legado espiritual dos cátaros. Dessa época em diante, a revelação do tesouro espiritual dos cátaros uniu-se à Escola da Rosacruz Áurea.

"O renascimento do homem animal em homem espiritual", que, em sua juventude, ouviu de H. de Hartog, não é, portanto, para J. van Rijckenborgh, nenhuma filosofia, porém uma necessária e pura ação. Esse renascimento até o estado de homem espiritual é trazido por meio de um processo, onde nenhum passo pode ser negligenciado. Assim J. van Rijckenborgh mostrou com sua experiência que essa é uma senda que deve ser trilhada pela própria pessoa. Em sua Escola ele, até seu falecimento em 1968, explicou e esclareceu esse caminho a seus alunos, de todas as maneiras possíveis, lançando mão de antiquíssimos textos gnósticos.

Catharose de Petri (1902–1990)

H. Huyser, mais tarde conhecida como Catharose de Petri, nasceu em 1902 em Roterdã. Pouco se conhece dos primeiros anos de sua vida, pois ela era extremamente discreta e pouco relatava ou compartilhava sobre si mesma, porém, o que se sabe com segurança é que desde muito jovem estava consciente de ter uma missão espiritual em sua vida. Portanto, não é de surpreender que, em 1930, aos 28 anos, ela tenha se dedicado integralmente à sua missão, com o senhor J. van Rijckenborgh, de quem foi a mais importante colaboradora espiritual. Para ela, era evidente que nenhuma igreja cristã podia trazer uma verdadeira renovação religiosa para o autêntico pesquisador espiritual.

Ao lado do senhor J. van Rijckenborgh, ela dedicou toda a sua vida à construção da sétupla Escola Espiritual da Rosacruz Áurea "começando do nada", como dizia. Como parte desse trabalho, eles escreveram livros, em conjunto e individualmente. Entre outras obras, explicaram para os homens da atualidade antigos textos gnósticos. Dessa forma, *A Gnosis Chinesa,* escrita por ambos, é um brilhante comentário do antigo texto hermético chinês, o *Tao Te King,* adaptado para nosso tempo.

Catharose de Petri era também extremamente ligada à fraternidade dos cátaros, sobre os quais escreveu alocuções em que esclarece seu trabalho espiritual e seu legado material e imaterial.

Glossário

Para que o leitor tenha uma melhor compreensão da terminologia que a Escola Espiritual da Rosacruz Áurea emprega, figuram neste glossário as palavras que no texto foram acompanhadas de um asterisco (*). O número entre colchetes corresponde à página onde o termo foi mencionado pela primeira vez.

Alimentos santos: São determinadas vibrações e emanações da substância primordial que fluem dos sete polos nortes do setenário cósmico a fim de alimentar todas as criaturas divinas. Em seu conjuntos eles formam a atmosfera original. [58]

Alma: No homem original tríplice (Espírito — alma — corpo), a alma transmite ao corpo as sugestões do Espírito. Unicamente a reconstrução dessa alma original, da qual o último vestígio se encontra no coração, no centro do microcosmo, pode permitir seu renascimento. O que o homem normalmente chama de alma nada mais é do que o conjunto de ideias, tendências pessoais e do condicionamento a que foi submetido quando sua individualidade-eu foi formada. Essa alma-eu desvia-se, sem cessar, da ideia libertadora da reconstrução da alma imortal, numa ilusória tentativa de instalar-se de forma duradoura no Além. A alma da tríplice manifestação dialética é natural e necessariamente mortal.

Eis a razão pela qual Cristo é denominado o Salvador das Almas, visto que sem uma alma intermediária absolutamente pura não é possível uma vida mais elevada. [18]

Alma-sangue: O conjunto do assim chamado carma maduro, que o ser humano, por ocasião do nascimento, traz consigo e que determina seu modo de ser e a qualidade de sua consciência, seu tipo e seu caráter, suas possibilidades e limitações bem como as demais circunstâncias de sua vida. [32]

Andreæ, Johann Valentin: O mais representativo dos irmãos da Rosa-Cruz do séc. XVII. Autor da obra *As núpcias químicas de Cristiano Rosa-Cruz,* que descreve de forma velada todos os aspectos do caminho do candidato na senda da transfiguração. [67]

Arconte: Palavra grega que significa "regente". Nome dado a várias potestades que servem o Demiurgo.* Ver Éons. [75]

Arte real: Ver Ciência Universal. [38]

Campo de manifestação: O campo de manifestação, também chamado de campo de respiração, esfera aural, ou corpo de desejo, é o campo de força onde emerge a manifestação tríplice dialética do ser humano. É a área de conexão entre o ser aural e a personalidade da ordem de emergência e está em perfeita concordância com esta em sua ação de atração e repulsão de forças e substâncias para a sua vida e sustentação. Esse campo de força é luminoso e vibrante e possui uma estrutura individual de linhas e centros de força com um movimento dinâmico. Dependendo do estado do campo de respiração (qualidade — vibração — força) todas as forças e substâncias que nele ingressam, provenientes do exterior, são aceitas ou repelidas, retardadas ou intensificadas em sua atividade, admitidas no sistema ou rejeitadas por ele. O campo de manifestação faz parte do sistema tríplice dialético do homem: é uno com ele, em sua essência. [101]

Candelabro sétuplo: Designação mística para as sete luzes que brilham em cada um dos três santuários (cabeça, coração e pelve) e que sob o impulso das doze luzes aurais determinam a natureza da manifestação humana. [94]

Cátaros: (do gr. *katharos:* puros) Movimento iniciático cristão que se desenvolveu na Europa entre os séculos XI e XIV, sobretudo no Sul da França, na região montanhosa dos Pirineus, conhecida como Sabartez, ou Languedoc. Ali, ao redor de Sabart-Tarascon e das aldeias vizinhas de Ussat-Ornolac, nas muitas grutas existentes desde a pré-história e transformadas em santuários naturais, se constituiu o lugar de longa, severa e dura iniciação dos cátaros. Eles, a exemplo dos essênios e dos primeiros cristãos, levavam uma vida ascética de alta espiritualidade, vivenciando na prática um cristianismo puro, numa total autorrenúncia a tudo o que era deste mundo. Não possuíam bens materiais nem dinheiro, e dedicavam-se inteiramente à comunidade onde viviam, pregando o Evangelho e curando os enfermos, pois também eram terapeutas. No entanto, foram acusados de heresia pelo Papa Inocêncio III, que enviou a histórica cruzada contra os albigenses, em 1209. Durante o tempo em que ela durou, numa sequência trágica de mortes e torturas, cidades inteiras da região e os castelos de quem os defendia foram saqueados, com as populações, incluindo mulheres e crianças, sendo passados a fio de espada. Após a queda do castelo de Montségur em 16 de março de 1244, duzentos e cinco cátaros foram queimados vivos em uma imensa fogueira. Os poucos remanescentes abrigaram-se, então, na grande gruta subterrânea de Lombrives, a assim chamada Catedral do Catarismo, onde mais tarde, em 1328, quinhentos e dez cátaros foram emparedados vivos, encerrando assim a epopéia medieval desse movimento mártir. Os cátaros eram também denominados "os puros, os perfeitos, os bons homens", porque, seguindo o caminho dos mistérios cristãos, haviam operado em seu ser a reformação, e assim, tal como verdadeiros discípulos de Cristo, a serviço do mundo e da humanidade, galgavam o "caminho das estrelas", o caminho da transformação (ou da transfiguração, na linguagem da jovem Fraternidade gnóstica). Fazendo alusão a esse estado de puro, a Escola Espiritual fala de alma renascida, a alma-espírito que, por sua ligação restabelecida com o Espírito, obteve outra vez a participação na sabedoria divina, a Gnosis. Maiores informações sobre a vida dos cátaros podem ser encontradas no livro *No caminho do Santo Graal,* de Antonin Gadal. [67]

Ciência Universal: A Ciência Universal, a Religião Fundamental e a Arte Real são respectivamente as esferas de ação da Fraternidade da Rosa-Cruz, da Fraternidade dos Cátaros e da Fraternidade do Santo Graal. Juntas elas formam a Tríplice Aliança da Luz, que adquiriu a forma atual na jovem Fraternidade gnóstica, representada pelo Lectorium Rosicrucianum. [160]

Consciência: A consciência ou consciência-eu biológica é o centro da consciência natural comum do tríplice sistema dialético do homem, delimitado pelo campo de manifestação. É preciso, porém, não confundir a consciência-eu biológica com o aspecto espiritual superior humano, embora este esteja sujeitado pela primeira. [11]

Consciência-eu: Ver Consciência.[70]

Cristão Rosa-Cruz: (Christian Rosenkreuz) Indica o protótipo humano que concluiu o retorno para o verdadeiro ser humano imortal, mediante a senda de transfiguração. As sete fases dessa senda são descritas pormenorizadamente como sete novos dias de criação na obra *As núpcias químicas de Christianus Rosencreutz,* uma explicação muito velada de Valentin Andreæ, um irmão da Rosa-Cruz do séc. XVII que, naquele tempo, morou em Calw (Floresta Negra), Alemanha. [113]

Demiurgo: Ser espiritual emanado de Deus, o Pai; o Demiurgo criou o mundo a partir da substância primordial, que não foi criada por ele, mas por Deus, o Pai. Ele é uno com o Verbo, com a alma do mundo. [160]

Dialética: Nosso atual campo de vida, onde tudo se manifesta em pares de opostos. Dia e noite, luz e trevas, alegria e tristeza, juventude e velhice, bem e mal, vida e morte etc. são pares inseparáveis. Um sucede o outro de maneira inevitável, e, assim, um comprova o outro. Em virtude dessa lei fundamental, tudo o que existe nesta ordem de natureza está sujeito a contínua mudança e desintegração, ao surgir, brilhar e fenecer. Por isso, nosso campo de existência é um domínio do fim, da dor, da angústia, da destruição, da doença e da morte. Por outro lado, de um ponto de vista superior, a lei da dialética é, ao mesmo tempo, a lei da graça divina. Por meio da destruição e da renovação constantes, essa lei impede a cristalização definitiva do ser humano, ou seja, seu declínio inexorável. Ela sempre lhe oferece uma nova possibilidade de manifestação e, com isso, uma nova chance de reconhecer o objetivo de sua existência e percorrer a senda do retorno mediante a transfiguração, o renascimento da água e do Espírito. [32]

Discernimento: Ver Gnosis Universal Quíntupla. [21]

Doutrina Universal: Não é um ensinamento, uma doutrina, no sentido literal comum, tampouco se pode encontrar em livros. Em sua essência mais profunda, é a vivente realidade de Deus. Essa Doutrina ou Filosofia Universal é, pois, o conhecimento, a sabedoria e a força que sempre de novo são ofertados ao ser humano pela Fraternidade Universal, a fim de possibilitar à humanidade decaída trilhar o caminho de retorno à casa do Pai. [32]

Efésio: O homem que busca e que, no desejo de realmente elevar e purificar a vida, segue o caminho da bondade neste plano de existência, descobrindo, mais cedo ou mais tarde, que este caminho tem um ponto culminante, um limite que o homem deste mundo não pode transpor. A Bíblia denomina "efésio" àquele que chegou a essa fronteira. Tal ser humano está diante de uma escolha: libertar-se das limitações da dialética por meio de uma mudança fundamental de sua vida ou permanecer agrilhoado ao giro da roda da vida e da morte, sofrendo a angústia do inevitável declínio segundo a lei da natureza. [27]

Endura: (adj. endurístico) Caminho da demolição do eu, senda da última morte por meio da autoentrega ao Outro, ao homem imortal, o Cristo em nós. É a vereda do homem joanino, "o preparar os caminhos do Senhor, o endireitar as suas veredas". É a concretização do aforismo: "É necessário que ele" – o Outro celeste – "cresça e eu diminua"; eu devo declinar para que o Outro celeste possa viver em mim. A endura é o caminho clássico de todos os tempos. Nesse caminho, o homem decaído, mediante uma transformação completa de sua vida, pode tomar consciência de sua natureza verdadeira e imortal e retornar ao lar do Pai. O caminho do homem no mundo da dialética é uma vida para morrer. A endura é uma morte voluntária para viver: "Quem perder a sua vida por amor de mim achá-la-á". [81]

Éons: 1. Enormes períodos de tempo. 2. Grupo dirigente hierárquico do espaço e tempo, às vezes indicado como *æons* ou *archontes*. Monstruosa formação de potestades da natureza, antidivinas, criadas pelo humanidade decaída no decorrer dos tempos, em consequência de sua vida contrária a Deus, ou seja, por meio de seu pensar, querer e desejar, pois todos os seus impulsos, inclusive os pretensos bons, os criam e alimentam. Essas potestades manipulam abusivamente todas as forças naturais da dialética e da humanidade terrena, impulsionando-as a uma atividade ímpia em prol do próprio e tenebroso objetivo desse grupo: a automanutenção. Esse agrupamento hierárquico conseguiu livrar-se da roda da dialética, às custas, porém, de terrível sofrimento humano. Essa "libertação" apenas pode ser mantida, por meio de incalculável egoísmo, enquanto a humanidade, apesar de ser sua criadora, permanecer como sua presa e acorrentada à roda do nascimento e da morte, aumentando assim e conservando a dor neste mundo. Essas potestades, em seu conjunto, são às vezes denominadas hierarquia dialética ou "príncipe deste mundo". [69]

Escola Espiritual: Escola de Mistérios dos Hierofantes de Cristo. (ver Fraternidade Universal). [7]

Esfera aural: Ver Campo de manifestação. [18]

Esfera material/esfera refletora: As duas metades que compõem o campo de existência da ordem de natureza dialética. A esfera material é o domínio em que vivemos quando em nosso corpo material. A esfera refletora é a região onde se desenvolve, entre outras coisas, o processo de morte e reencarnação. Abrange, além das esferas do Inferno e do Purgatório (a esfera da purificação), também a que é chamada "céu" e "vida eterna" na religião natural e no ocultismo. Essas esferas celestes, a existência nessas esferas bem como na esfera material, estão sujeitas a um fim, à temporalidade. Portanto, a esfera refletora é a morada transitória dos mortos, o que não quer dizer que a personalidade quádrupla do falecido venha a nascer de novo, pois ela não subsiste. Somente o núcleo mais profundo da consciência, o raio espiritual ou centelha dialética, é temporariamente recolhido no ser aural, formando a base da consciência de nova personalidade terrena, que é construída pelo ser aural em colaboração com as forças ativas na gestante. [25/28]

Espírito Santo Sétuplo: O terceiro aspecto da Divindade, que se manifesta de forma tríplice. Ele é o amor oniabarcante do Pai, explicado pelo Filho, que dimana para toda a humanidade decaída em um poderoso campo de irradiação sétuplo, para salvar o que está perdido. Sob a direção e o auxílio dessa força sétupla universal que se manifesta na Fraternidade Universal, torna-se possível concluir o processo de transfiguração. Nesse poderoso processo, o Espírito Santo Sétuplo encontra novamente morada no candidato: as núpcias alquímicas de Cristão Rosa-Cruz é a unificação da alma imortal com esse Espírito Sétuplo. [36]

Éteres: Do Setenário Original, a terra sétupla original, emanam sete forças das quis o homem primordial vive. Nosso sistema vital apenas subsiste nesta ordem de socorro com quatro aspectos bastante degradados dessas sete forças: o éter químico, que assegura a vida e o desenvolvimento do corpo físico; o éter vital, que tem ligação com as forças de reprodução; o éter luminoso, que se relaciona com os sentimentos; o éter refletor, que se relaciona com os pensamentos. Essas quatro forças dialéticas, esses quatro alimentos, apenas possuem uma relação longínqua com as quatro forças originais, os quatro alimentos santos. Contudo, eles provêm da mesma fonte, do coração do Setenário Cósmico, porém correspondem a radiações bem diferentes das do coração da substância primordial. O processo da transfiguração visa a confrontar a personalidade com esses alimentos santos, a substituir os éteres dialéticos pelos éteres originais, a fim de tornar o sistema vital, reorientado pela rosa sétupla para o Reino original, apto a receber os três éteres superiores, que possibilitarão a reconstituição total do microcosmo. Uma escola espiritual gnóstica corresponde —

entre outras coisas por sua relação com o novo campo de vida — a uma forja de concentração desses éteres superiores, sem os quais a verdadeira Alquimia não é possível. [18]

Firmamento: O firmamento (o ser aural ou a lípica) representa a totalidade das forças, valores e ligações resultantes das vidas de diversas personalidades no campo de manifestação. Todas essas forças, valores e ligações formam juntos as luzes, os astros em nosso firmamento microcósmico. Essas luzes são focos magnéticos que, de acordo com sua espécie, determinam a qualidade do campo espiritual magnético, isto é, a natureza das forças e dos materiais que são atraídos da atmosfera e assimilados pelo sistema microcósmico, portanto, também pela personalidade. A natureza de nossa personalidade é determinada por essas luzes. Assim sendo, uma mudança essencial da personalidade tem de ser pre-cedida por uma mudança essencial do firmamento das luzes. Isso somente é possível pelo autossacrifício do ser-eu, pela demolição ou autorrendição completa do eu. [78]

Fogo serpentino: É a energia criadora da consciência biológica que circula pelo sistema cerebrospinal e, por meio dele e do sistema nervoso, controla a completa manifestação dialética. [84]

Fraternidade Universal: Hierarquia do divino reino imutável que constitui o corpo universal do Senhor. É conhecida como: Igreja Invisível de Cristo, Hierarquia de Cristo, Corrente gnóstica universal, Gnosis. Em sua atuação em prol da humanidade decaída ela é a Fraternidade de Shamballa, a Escola de Mistérios dos Hierofantes de Cristo ou Escola Espiritual dos Hierofantes, configurando-se na jovem Fraternidade gnóstica. [58]

Gnosis: a) O Alento de Deus; Deus, o Logos, o Verbo, a Fonte de Todas as Coisas, manifestando-se como espírito, amor, luz, força e sabedoria universais; b) A Fraternidade Universal como portadora e manifestação do campo de radiação de Cristo; c) o conhecimento vivo que está em Deus e que se torna parte dos que, mediante o renascimento da alma, entraram no nascimento da luz de Deus, isto é, no estado de consciência de Pimandro. [68]

Gnosis Universal Quíntupla: Designação conjunta das cinco fases de desenvolvimento pelas quais o caminho para a vida se revela no aluno: 1) discernimento libertador; 2) desejo de salvação; 3) autorrendição; 4) nova atitude de vida; 5) ressurreição no novo campo de vida. [163]

Hierarquia de Cristo: Ver Fraternidade Universal. [10]

Hierofante: Ver Fraternidade Universal. [52]

Humanidade adâmica: A humanidade da descendência de Adão, ou seja, a humanidade decaída. [52]

Igreja Ínvisível: Ver Fraternidade Universal. [51]

Lípica: O firmamento aural, o conjunto dos centros sensoriais, centros de força e focos magnéticos que constituem as luzes, os astros ou as estrelas do microcosmo, onde o inteiro carma está gravado. O ser terrestre e mortal, como projeção desse firmamento aural, é inteiramente determinado por ele no que se refere a suas possibilidades, limitações e caráter. A lípica representa a totalidade da carga de pecados do microcosmo decaído. [75]

Logos: O Verbo criador, a Fonte de Todas as Coisas. [128]

Lúcifer: O fogo-alma ímpio, o gás hidrogênio não divino, onde tanto no eu inferior, como alma dialética em manifestação, como no eu superior, o deus ígneo aural, irradia esse fogo ímpio repetidamente como alma em uma nova personalidade mortal. [59]

Macrocosmo: O macromundo, o universo. [53]

Maniqueus: Movimento surgido no século III, fundado por Mani, que foi perseguido, acusado de procurar juntar numa vasta síntese o ensinamento dos primeiros gnósticos, o cristianismo e o budismo. O maniqueísmo ressurgiu nos ensinamentos dos cátaros ou albigenses. [67]

Microcosmo: O ser humano como *minutus mundus,* pequeno mundo, constitui um sistema de vida de forma esférica. Nele, do centro para a periferia, podemos distinguir: a personalidade, o ser aural e um campo espiritual magnético sétuplo. O verdadeiro homem é um microcosmo. O que neste mundo se denomina "homem" é apenas a personalidade de um microcosmo degenerado. Nossa consciência atual é uma consciência da personalidade e, por conseguinte, apenas percebe o campo de existência a que ela pertence. O *firmamento* ou *ser aural* representa a totalidade de forças, valores e ligações resultantes das vidas das diversas manifestações de personalidades no campo de manifestação do microcosmo. Todas essas forças, valores e ligações formam, em conjunto, as luzes, as constelações do firmamento microcósmico. Essas luzes são focos magnéticos que, em concordância com a sua natureza, determinam a natureza das forças e das substâncias que são atraídas da atmosfera e assimiladas pelo sistema microcósmico e, portanto, também pela personalidade. Consequentemente, assim como é a natureza dessas luzes, assim é a personalidade! Para mudar a natureza da personalidade é necessário antes mudar a natureza do firmamento aural, o que apenas é possível pela oblação do ser-eu, pela total demolição do eu. O *campo de manifestação* (ou *campo de respiração*) é o campo de força imediato no interior do qual é possibilitada a vida da personalidade. Ele é o campo de ligação entre o ser aural e a personalidade. Em seu trabalho de atração e repulsão das forças e das substâncias em benefício da vida e da conservação da personalidade, ele é inteiramente *uno* com esta última. [50]

Pineal: (ou epífise) Quando, junto com a força cundalini, que reage somente ao impulso da verdadeira luz espiritual, a glândula pineal é inflamada pela luz da Gnosis, via átomo-centelha-do-espírito, glândula timo e hormônio crístico, então o conjunto passa a constituir o trono do raio de Cristo, da iluminação interior, a porta aberta pela qual a sabedoria de Deus é transmitida diretamente ao homem. [15]

Pistis Sophia: a) Evangelho gnóstico cuja autoria é atribuída a Valentino. Foi escrito provavelmente antes do século II e narra com impressionante pureza e detalhes o caminho único de libertação em Cristo, a senda da transmutação e da transfiguração; b) Denominação dada ao verdadeiro aluno, que persevera até atingir a meta. É uma composição das palavras gregas *pistis,* fé, e *sophia,* sabedoria. [73]

Príncipe deste mundo: Ver Éons, Arconte, Demiurgo. [154]

Reino dos céus: A ordem divina, o reino original da humanidade, do qual ela caiu por uma catástrofe cósmica. Tanto o profundo anseio por libertação, ancorado no mais recôndito do ser, como o chamado e a total atividade dos grandes enviados da Corrente Universal de Fraternidades gnósticas que se têm manifestado, estão dirigidos ao retorno a esse verdadeiro campo de vida da humanidade. Contudo, o reino dos céus não deve ser confundido, como muitas pessoas o fazem, com a região do Além, a esfera refletora, onde os mortos permanecem. [48]

Religião natural: A religião no plano horizontal, que espera a salvação por meio da afirmação e cultura deste mundo e do ser humano em sua condição atual, sem atentar nas inequívocas palavras de Cristo: "Meu reino não é deste mundo!" "Quem não nascer da água e do Espírito não pode entrar no reino dos céus". [74]

Roda do nascimento e da morte: Ou roda da vida e da morte. É o ciclo a que está submetido o microcosmo pela lei da dialética. Ele adota uma personalidade, que tem de decidir, durante sua vida, entre vida e morte. Se não liberta o microcosmo segundo o plano do Logos, essa personalidade morre para que o microscosmo, depois de esvaziado, tenha nova oportunidade de libertação. [32]

Salniter corrompido: Termo utilizado por Jacob Boehme para designar a matéria pecadora e corrompida deste mundo. [87]

Santuários da cabeça e do coração: A cabeça e o coração do homem destinam-se a ser oficinas consagradas para a ação divina no homem que restabeleceu a ligação espiritual, a ligação com seu Pimandro. Em sintonia com essa determinação superior, a cabeça e o coração tornam-se, após uma purificação completa e fundamental levada a efeito na senda da endura, uma magnífica unidade para um verdadeiro santuário a serviço de Deus e de seu desvelo para com o mundo e a humanidade. O fato de que essa determinação se torne consciente será um estímulo e uma advertência a fim de que se purifique toda a vida mental, volitiva, emotiva e ativa de tudo o que se opõe a essa vocação superior. [94]

Shamballa: Uma região situada fora da esfera material e da esfera refletora, preparada pela Fraternidade de Shamballa (um aspecto da Fraternidade Universal) em benefício dos alunos que se esforçaram, com toda lealdade, devota e tenazmente, por trilhar o caminho no novo campo de vida. Nesse campo de trabalho especialmente preparado, é possível oferecer a esses alunos, desde que neles já esteja presente uma base mínima, condições mais harmoniosas, livres das dificuldades e entraves, perigos e desgostos da dialética, para, depois do falecimento, continuar o processo de libertação da roda começado na esfera material e participar da nova vida. [67]

Simpático: Parte do sistema nervoso que, no ser humano dialético, não está sob o controle da vontade, porém funciona de maneira automática. Refere-se em especial aos dois cordões de nervos situados à direita e à esquerda da medula espinal. Esse par de cordões junta-se na parte superior da medula espinal, na glândula pineal. [59]

Sistema de vida: Ver Microcosmo. [10]

Tao: A fonte única de todas as coisas (Tao é uma designação utilizada por Lao Tsé). [84]

Transfiguração: (adj. transfigurístico) O processo evangélico do renascimento da água e do Espírito, o caminho de volta para a pátria perdida, para o outro reino, para a ordem de vida de Cristo. [34]

Livros de autoria de J. van Rijckenborgh

- O advento do novo homem
- Análise esotérica do testamento espiritual da Ordem da Rosacruz
    - Vol. I: O chamado da Fraternidade da Rosacruz
    - Vol. II: Confessio da Fraternidade da Rosacruz
    - Vol. III: As núpcias alquímicas de Christian Rosenkreuz - Tomo I
    - Vol. IV: As núpcias alquímicas de Christian Rosenkreuz - Tomo 2
- Christianopolis
- Filosofia elementar da Rosacruz moderna
- A Gnose em sua atual manifestação
- A Gnosis original egípcia — Tomos I, II, III e IV
- A luz do mundo
- O mistério da vida e da morte
- O mistério das bem-aventuranças
- O mistério iniciático cristão: Dei Gloria Intacta
- Os mistérios gnósticos da Pistis Sophia
- Não há espaço vazio
- Um novo chamado
- O Nuctemeron de Apolônio de Tiana
- O remédio universal

Livros de autoria de Catharose de Petri

- O Verbo Vivente

Série das Rosas

- Transfiguração · Tomo I
- O selo da renovação · Tomo II
- Sete vozes falam · Tomo III

Livros de autoria de J. van Rijckenborgh e Catharose de Petri

- O apocalipse da nova era
    - A veste-de-luz do novo homem · Série Apocalipse, vol. I
    - A Fraternidade Mundial da Rosa-Cruz · Série Apocalipse, vol. II
    - Os sinais poderosos do conselho de Deus · Série Apocalipse, vol. III
    - A senda libertadora da Rosa-Cruz · Série Apocalipse, vol. IV
    - O novo caduceu · Série Apocalipse, vol. V
- O caminho universal
- A Fraternidade de Shamballa
- A Gnosis chinesa
- A Gnosis universal
- A grande revolução
- O novo sinal
- Réveille!

Eckartshausen

- Algumas palavras do mais profundo do ser
- Das forças mágicas da natureza

Mikhail Naimy

- O livro de Mirdad

Antonin Gadal

- No caminho do Santo Graal

Série Cristal

- 1 - Do castigo da alma
- 2 - Os animais dos mistérios
- 3 - O conhecimento que ilumina
- 4 - O livro secreto de João
- 5 - Gnosis, religião interior
- 6 - Rosacruzes, ontem e hoje
- 7 - Jacob Boehme, pensamentos
- 8 - Paracelso, sua filosofia e sua medicina atemporais
- 9 - O Graal e a Rosacruz

Outros títulos

- O caminho da Rosacruz no dias atuais
- O evangelho dos doze santos
- Trabalho a serviço da humanidade

Pentagrama publicações

Caixa Postal 39 — 13.240-000 — Jarinu — SP — Brasil
Tel. (11) 4016.1817 — FAX (11) 4016.3405
www.pentagrama.org.br
livros@pentagrama.org.br

IMPRESSO PELA GRAPHIUM GRÁFICA E EDITORA · (11) 2769-9056
A PEDIDO DO LECTORIUM ROSICRUCIANUM EM NOVEMBRO DE 2011